Mário Sabha Junior sempre sentiu a necessidade de transformar sua maneira de enxergar o mundo e de encarar a vida. Por isso, buscou diferentes religiões e filosofias tradicionais que até hoje respeita, embora desde então não tenha feito disso uma prioridade em sua constante busca interior. Tornou-se autodidata na observação do comportamento humano, unindo seus conhecimentos aos estudos de alguns pensadores da psicologia clássica associados a estudos práticos de meditação, gnose, teosofia, gestalt terapia, bioenergética e biotipologia humana, entre outros.

Iniciou sua carreira como professor universitário em 2001 nos cursos de Fisioterapia e Educação Física da Unipinhal, e como palestrante motivacional com os temas "Qualidade de vida" e "Inteligência emocional".

Hoje atende em consultório visando não apenas à problemática que envolve o corpo, com fisioterapia manipulativa, acupuntura sistêmica e auricular, e terapia manual osteopática, mas também às desordens psicoemocionais relacionadas à essência do ser, aos conflitos nos relacionamentos e no comportamento humano. Para isso, lança mão de técnicas de grande eficácia, como o aconselhamento metafísico e a terapia transenergética.

Em dezembro de 2008, estreou como apresentador do programa *Consciência do Ser*, na Rádio

Mundial. O programa era transmitido ao vivo todos os dias das 18h às 18h30, e foi comandado por ele até o meio do ano de 2009. Paralelamente, iniciou seu projeto como escritor e produtor de suas próprias palestras em CDs e DVDs, todas sobre autoconhecimento e baseadas em sua experiência clínica como terapeuta metafísico e observador do comportamento humano. Além disso, o autor ministra vários cursos, vivências e *workshops*.

© 2011 por Mário Sabha Jr.

Capa e Projeto Gráfico: Jaqueline Kir
Diagramação: Cristiane Alfano
Preparação: Grace Guimarães Mosquera
Revisão: Melina Marin

1ª edição — 1ª impressão
5.000 exemplares — outubro 2011

Dados Internacionais de Catalogação na Publicação (CIP)
(Câmara Brasileira do Livro, SP, Brasil)

Sabha Jr., Mário
Você ama ou fantasia tudo? : deixe as ilusões de lado e seja feliz / Mário Sabha Jr. -- São Paulo : Centro de Estudos Vida & Consciência Editora, 2011.

ISBN 978-85-7722-162-2

1. Casais - Relações interpessoais 2. Conduta de vida 3. Homem-mulher - Relacionamento 4. Relações interpessoais I. Título.

11-00139 CDD-158.24

Índices para catálogo sistemático:
1. Casais : Relações interpessoais : Psicologia aplicada 158.24

Todos os direitos reservados. Nenhuma parte desta edição pode ser utilizada ou reproduzida, por qualquer forma ou meio, seja ele mecânico ou eletrônico, fotocópia, gravação etc., tampouco apropriada ou estocada em sistema de banco de dados, sem a expressa autorização da editora (Lei nº 5.988, de 14/12/1973).

Este livro adota as regras do novo acordo ortográfico (2009).

Editora Vida & Consciência
Rua Agostinho Gomes, 2.312 – São Paulo – SP – Brasil
CEP 04206-001
editora@vidaeconsciencia.com.br
www.vidaeconsciencia.com.br

Mário Sabha Jr.

Você Ama
ou fantasia tudo?

DEIXE AS ILUSÕES DE LADO E SEJA FELIZ

Sumário

Agradecimentos   8

Introdução   10
Sobre vida afetiva e conjugal

1. O mundo da fantasia   24
Mensagem social coletiva de sucesso afetivo
A ideia do acerto "para sempre"
Encanto, sedução, juras e provas do amor condicional
Felicidade: alguém faz alguém feliz?
O amor incondicional

2. Os desafios da vida conjugal   58
O início do sofrimento a dois
Os papéis da relação familiar
Cobranças e expectativas
O plano fracassado do egoísta: se você me ama, mude, e rápido!
A disputa pelo poder: quem é que manda aqui?

3. Maturidade e imaturidade afetiva 96

Espero tudo de você
Ciúme é prova de amor?
Mimo não é amor!
Amor neurótico: frequente e destruidor
Autoestima é sinal de maturidade afetiva
A maturidade em respeitar as diferenças

4. A possibilidade de sucesso no amor 168

Amizade é amizade, namoro é namoro!
Não confunda amor com necessidade: o fim do mimo e do apego
Acabe com o amor ideal e aproveite o real
Ceder ou conceder — amor condicional x amor incondicional
Aceitação e diálogo: na hora H, prefira a conversa à discussão
Estabelecimento de limites: matemática do amor
Amor incondicional: isento de garantias de permanência

Considerações finais 239

Agradecimentos

Agradeço aos meus pais, Mário e Dirce, por terem sido a porta de entrada para o que tenho de mais precioso, a minha vida, e por terem sido, junto com minha irmã Maricene, as primeiras pessoas com quem me relacionei afetivamente. Gradualmente, fomos experimentando novas fases nas experiências em família — cada vez com mais afeto e proximidade — que foram proporcionais ao respeito e às diferenças individuais e nos possibilitaram, aos poucos, uma melhora no convívio no lar.

A todos os mestres, professores, alunos e clientes que tive, os quais, conscientemente ou não, ensinaram-me e até hoje ensinam o valor e o poder de se relacionar com o mundo, pois é a partir de nossas experiências e relacionamentos em suas mais variadas formas que desenvolvemos nossa consciência e nos tornamos seres humanos melhores. Em especial, não poderia deixar de agradecer ao Luiz Gasparetto, à querida Lousanne Arnoldi de Lucca e à professora e "mãe espiritual", Maria Aparecida Martins. Com eles, até hoje me reciclo e aprendo cada vez mais.

A todas as experiências pessoais e afetivas que tive, por terem me possibilitado escrever este livro de próprio punho, com ideias originais sedimentadas nas diferentes fases que até hoje vivi como pessoa, como terapeuta e, antes de tudo, como ser humano.

À Sophia, minha filha gata que, de maneira muito especial, me conquistou. Ela ensina-me e lembra-me a cada dia, com sua companhia, carinho e atenção, o que é amor incondicional e, literalmente, o que é ser humano, pois sua presença e inteligência afetiva animal me emocionam mais do que muitas pessoas que já me acompanharam até hoje.

Agradeço a todas as experiências afetivas que tive e àquelas que hoje ainda tenho. Com elas tenho aprendido muito sobre ternura, firmeza, gentileza, inteligência afetiva e emocional, seja ao lidar com o mundo ou com as pessoas em geral. Todas elas formam um conjunto psicoenergético significativo em minha vida, permitindo-me trocas afetivas valiosas e experiências de amor incondicional cheias de significado e vida, com respeito e prazer a dois, principalmente nas relações afetivo-conjugais e familiares.

Introdução

Sobre vida afetiva e conjugal

Muitas pessoas acham que ter uma boa vida afetiva significa permanecer com a mesma pessoa por muito tempo, atribuindo, por vezes, a durabilidade do relacionamento ao sucesso na vida afetiva. Sempre que eu encontrava nas ruas casais de terceira idade de mãos dadas, ouvia outras pessoas comentarem:

— Ah, que exemplo de casal! Isso sim é ser feliz no relacionamento!

— Vamos perguntar a eles a receita de tanta felicidade, afinal, estão juntos até agora!

— Isso é amor, o resto é conversa!

Ao mesmo tempo, se nos encontrávamos com filhos de pais separados ou mesmo com pessoas que terminaram seu relacionamento ou casamento, escutávamos as seguintes falas:

— O filho da fulana não é boa companhia, pois seus pais estão separados.

— Essas pessoas são infelizes, pois o relacionamento delas não deu certo.

— O certo é casar e acertar na primeira, pois não há duas chances para ser feliz no amor.

— Olha que mulher insatisfeita e mal resolvida! Já está no quinto casamento!

Com o passar do tempo, também aprendemos a dizer frases parecidas com essas, pois, de tanto ouvi-las, seja pela educação convencional, seja pelos educadores ou autoridades morais, vamos tomando como correto algo que nem sequer sabemos se é verdade. Essas frases são sempre muito comuns desde a nossa infância, e várias vezes acabamos por repeti-las.

Certamente, enquanto não passamos por experiências parecidas na vida, ou não temos a lucidez ou coragem de perguntar, investigar aquela situação, julgamos por algo que ouvimos falar, ou seja, vamos fantasiando o que achamos, sem a menor vivência no assunto, acreditando no que nossas ilusões preferem, com base no que ouvimos e aprendemos com nossos educadores, pais, professores, com a sociedade — todos que também aceitaram várias ideias filosóficas e morais que talvez jamais tenham experimentado.

Isso não significa que não possamos ter ideias e opiniões, mas elas devem ser fundamentadas em experiências mais concretas. É claro que não temos condição de viver todas as experiências humanas para saber como seriam em cada contexto, e, ainda que fosse possível, seria a experiência de uma pessoa, não uma verdade universal como queremos acreditar. Contudo, quando falamos sobre relacionamentos, podemos investigar ou perguntar para as pessoas envolvidas — que certamente interpretam e reagem de maneiras diferentes a uma mesma situação — e colher e observar os resultados após certo período, como é feito na ciência: um estudo concreto, baseado em experimentos, análise e interpretação de dados.

Confesso que fiquei curioso e fui investigar em meu laboratório vivencial — meu consultório terapêutico. Perguntei a vários casais com mais de 10, 20 e 30 anos de casados qual era o segredo para ficar tanto tempo juntos ("tão felizes", supunha). As respostas foram as mais variadas possíveis, mas, contrariamente ao que eu achava, a grande maioria deles tinha em comum uma insatisfação afetiva. Entre outras palavras, as pessoas diziam que se suportavam e estavam juntas, mas que, sinceramente, o sentimento de proximidade afetiva já tinha se acabado.

Muitos dos casais diziam ainda estarem juntos por causa dos filhos, outros por comodidade ou por acharem que não podem mudar após certa idade. Muitos também disseram que o fato de estarem por muito tempo com a mesma pessoa acabou desencantando a relação (desinteresse e desgaste). Geralmente, usam termos que acham mais cabíveis para tentar definir um tipo de vida sem encanto e acomodada. Chamam, por exemplo, esse tipo de situação de "relacionamento maduro", que de maduro não tem nada, pois é orientado com base na aparência, no fingir ser. Fingir ser alguém considerado maduro, experiente e realizado apenas por estar numa relação conjugal há muitos anos com a mesma pessoa. É o que se chama de "status", não social, mas afetivo, pois também acontece na vida conjugal. É como se o indivíduo fosse mais tudo: mais confiável, mais capaz, mais importante, mais competente, mais eficiente e mais sério porque é oficialmente casado, como manda a cultura, a tradição.

Conforme os casos eram relatados, eu percebia que se tratava de um forte preconceito; tão forte que nos foi ensinado, porém nunca questionado ou estudado por fazer parte da tradição cultural, moral e religiosa, sem que soubéssemos o quanto ainda estava enraizado na maior parte de nós. No entanto, isso nada tem a ver com maturidade, mas com um papel diante da sociedade, tal como muitos outros sobre os quais discursaremos no decorrer de nossas "conversas" neste livro.

Contrariamente ao que aprendemos sobre o assunto, podemos definir a palavra maturidade, em um aspecto mais amplo, como um conjunto de atributos que regem a capacidade de um indivíduo ou organismo de se sustentar diante da vida. Tomando como exemplo a natureza, quando um fruto está formado, preparado para o consumo ou até mesmo com sementes já capazes de gerar novos frutos, está íntegro, maduro, pois atravessou as etapas do processo de transformação para amadurecer. Na profissão, alguém que consegue se manter financeiramente é considerado maduro, pois se sustenta por meio das habilidades que desenvolveu e da sua prática para se tornar independente. Emocionalmente, a maturidade é a capacidade que um indivíduo tem de responder por si mesmo, de assumir posições, atitudes, opiniões próprias; também é assumir seus sentimentos e expressá-los, mesmo percebendo que normalmente podem existir reações contrárias de outras pessoas.

Para isso, é necessário passar por algumas etapas de observação de seu mundo interior para identificar os tipos de conflitos e imaturidade existentes, e que destoam de pessoa a pessoa. Por isso que dispomos de nossa infância, adolescência, vida adulta, "terceira" e "quarta" idades. Ao passar por essas etapas, as transformações vão acontecendo, e nem sempre a maior maturidade é proporcional ao tempo vivido, já que grande parte de nós foi orientado a viver esperando tudo das pessoas ao redor, principalmente daqueles que sempre nos acompanharam. Assim, aprendemos a ficar acomodados, cobrando que outras pessoas nos garantissem que resolveriam nossos problemas, responderiam e tomariam decisões que caberiam a nós.

E qual é o resultado? A resposta é imaturidade. As pessoas estão cada vez mais dependentes umas das outras, acomodam-se afetivamente nos relacionamentos e não dão um só passo sem responsabilizar o parceiro pelo seu sucesso ou fracasso, aborrecem-se pelo que os outros pensam e falam, magoam-se e revoltam-se com qualquer coisa que não esteja de acordo com suas exigências.

Não, definitivamente não. Acomodação não significa maturidade, pois ela ocasiona uma série de desgastes e frustração afetiva por nutrir e gerar uma profunda insatisfação existencial. Pelo contrário, acomodação é sinal de imaturidade; geralmente também encontramos uma autoestima precária associada a ela. Isso não vale só para o relacionamento afetivo. Podemos também imaginar na profissão a baixa autoestima e imaturidade que resultam em revolta, amargura e desmotivação. Você conhece alguém que está acomodado em seu emprego e, apesar de insatisfeito, continua nele e não se arrisca em outras áreas? Alguém que não confia em seu potencial, esperando a situação do país melhorar? Será que essa pessoa é feliz?

Entrevistei também vários casais que se sentem "confortáveis" (acomodados) um ao outro, porém sem desejo, sem beijo, sem abraço, sem poderem se expressar como realmente são. É o tipo de relacionamento que eu chamo de "neurose a dois".

Imagine que alguns desses casais falavam que, por medo de ficarem sozinhos ou doentes, contentavam-se em viver um relacionamento péssimo afetivamente, mas sabiam que poderiam contar com o cônjuge em caso de emergência. Mal sabem eles que a "insatisfação a dois" e as mágoas sustentadas podem contribuir severamente para causar grande parte das doenças psicossomáticas, atingindo os sistemas musculoesquelético, cardiopulmonar, geniturinário, gastrintestinal, neuroendócrino metabólico, entre outros[1].

Apenas cerca de 8% dos casais que investiguei diziam-se satisfeitos. Alguns deles, ainda vivendo o presente relacionamento, diziam que, se pudessem viver novamente, passariam suas vidas com a mesma pessoa; ou seja, estavam afetivamente satisfeitos, pois tinham encontrado muitas afinidades em seus parceiros. Já outros disseram que, apesar de terem vivido satisfeitos, isso já era passado, e encontravam-se saudosos, pois estavam viúvos, jurando que, antes da viuvez, viviam bem com seus respectivos companheiros. *Ainda me pergunto se neste último caso a pessoa apenas sente falta porque perdeu a companhia do outro, ou se antes realmente sentia-se feliz afetivamente.*

---

[1] Não comentamos neste livro, mas, de acordo com a abordagem Psicossomática (Metafísica da Saúde), sabemos que, quando alguma doença se manifesta no corpo, é o momento de reavaliar os limites em vários contextos da vida, pois seja no relacionamento afetivo, profissional ou social, a vida está mostrando que os limites individuais físicos ou emocionais estão sendo desrespeitados e, quando não conseguimos elaborá-los emocionalmente, podem se tornar um problema físico, somatização concreta, podendo ser sintomático ou não.

A partir das minhas observações nessa área, comecei a entender que a ideia de que o tempo garante o bem-estar afetivo das pessoas que convivem ou são casadas não procede.

É muito comum encontrarmos também pessoas que não têm um comprometimento formal e, apesar de não serem oficialmente casadas, mostram-se satisfeitas com seu parceiro. Existem ainda aqueles que não querem nenhum envolvimento, não querem um parceiro fixo e dizem estar bem. Mas é evidente que, ao tocarmos em casos como nos exemplos acima (especialmente o último), sentiremos espanto e surpresa, uma vez que temos aprendido e seguido à maneira convencional do que nos foi ensinado para "dar certo na vida", como se existisse a receita de um jeito certo de ser para todos; ou seja, queremos seguir as maneiras de "como deveria ser o certo para..." amar, ser feliz, formar uma família, ser uma pessoa digna, respeitosa, bom pai, boa mãe, entre outras coisas. E ainda nos achamos no direito de palpitar quanto à vida alheia, com frases como estas:

— Ah, mas, se não é casado, não é uma pessoa séria.

— Se ele não assumir compromisso, será só um passatempo; então, vocês vão sofrer!

— Sair com outros parceiros e nunca se resolver é errado. É inadmissível!

Certamente, existem pessoas que se acomodarão e até poderão se ajustar aos padrões preestabelecidos.

Acontece que a maior parte de nós aceita tais imposições sem parar para pensar no que é realmente válido para cada um; ou seja, o que realmente funciona para cada um é muito particular.

Não estou defendendo a promiscuidade, nem a submissão nos relacionamentos em geral, sobretudo afetivos e conjugais. Contudo, se não observarmos nossas ideias fixas e julgamentos preestabelecidos, acabaremos por desprezar totalmente a nossa natureza e, consequentemente, estaremos prestes a nos machucarmos profundamente ao ingressarmos em uma situação que não condiz com o que nos realiza de verdade. Apesar de as pessoas falarem em livre--arbítrio, será que o usam? Ou ainda, será que sabem o quanto acreditam que têm o direito de escolher o que querem?

Parece que, querendo seguir as regrinhas do social, falamos coisas para aparentarmos ser inteligentes, bons, satisfeitos no casamento, ou para fazer um bom discurso, que convença os outros, quando geralmente, mesmo convencendo outras pessoas, nem nós mesmos acreditamos no que falamos, não é verdade? Pare e pense comigo nessa questão do arbítrio: as necessidades, gostos, impressões e pareceres diferem entre as pessoas, pois temos temperamentos diferentes uns dos outros, seguimos diferentes profissões, vestimos diferentes roupas, até vivenciamos diferentes experiências e sensações, e isso vale também para irmãos gêmeos. Sua impressão digital é única e a minha também, ou seja, não há no mundo outra igual, pois a natureza parece não conhecer repetições. Tudo o que ela faz é diversificado, rico e abundante, pois desconhece a mesmice. Temos exemplos estampados tanto na variedade da fauna e da flora, nos tipos de raça e etnia, na perfeição da forma e harmonia dos inúmeros tipos de seres vivos existentes, como na capacidade de interação entre seres de diferentes espécies, de diferentes gostos e *habitats*.

Então, por que deveria haver apenas "um certo" e "um errado", apenas uma verdade única, rígida e inflexível, já que cada coisa e cada ser é diferente um do outro? Basta observar para saber que o Universo é multi, é pluri, é versátil, flexível, mutável e volúvel. Isto é, nada permanece estático, parado; a única coisa que não muda é a mudança, pois ela sempre acontece!

De certo, muitas pessoas falam, mas não acreditam de fato que haja a possibilidade de escolha da sua maneira de ser ou agir. Isso acontece porque nossa cabeça, com um conjunto de ideias perturbadoras e inertes, aceita informações puramente racionais, porém conformistas e desmotivadoras, como:

— Casamento é sempre assim mesmo!
— Logo ele melhora e isso passa.
— Brigar é normal...

— Estar junto para sempre é uma vitória, porque a convivência não é fácil, não!

— Sempre agrade o parceiro, mesmo que não seja do seu gosto. Isso sim é amar!

Aposto que você deve estar pensando o contrário, que você acredita no livre-arbítrio e que cada um pode viver a vida como quiser. Então, antes mesmo de começar a se aprofundar neste livro, vou propor um teste para que você perceba se apenas acredita ou se de fato vive e pratica o livre-arbítrio em sua vida.

Responda a estas perguntas, mas seja verdadeiro consigo mesmo. Cuidado para não se enganar, senão qualquer tentativa da minha parte em lhe mostrar uma nova forma de lidar com seus relacionamentos não terá um bom efeito. Cá entre nós: qual é a sua reação quando vê alguém com um cabelo raspado, arrepiado, tingido e extravagante, ou com roupas que não combinam com o ambiente de um determinado evento? O que você fala ou pensa a respeito dessa pessoa? O que você acha de alguém que tem opiniões diferentes da sua? De que maneira você lida com as diferenças? Respeita mesmo a opinião alheia sem se aborrecer, ou se zanga e faz pouco caso? Quer convencer todos de sua opinião?

A originalidade e a diferença incomodam as pessoas que vivem de uma maneira comum, pois pensam e agem como "todo mundo". Se você se aborrece com opiniões contrárias, com o que as pessoas vestem, pensam ou são, provavelmente deve ser adverso aos relacionamentos e ao lidar com as pessoas. À medida que não aceitamos as diferenças, achamos que todos devem se comportar igualmente para que, assim, seja mais fácil não nos desapontarmos na vida. Como se fosse possível mudar o mundo só porque você se decepciona! Em outras palavras, é como se tivéssemos que exterminar tubarões só porque você (o importante) resolveu nadar no oceano. Que arrogância sem tamanho! Quantas pessoas você quer mudar em casa ou no trabalho só para facilitar as coisas para você?

Precisamos assumir nossos pontos fracos, pois fazemos o discurso do respeito, mas no fundo não respeitamos a individualidade das pessoas e nos achamos fracos por não suportarmos as diferenças. Sem individualidade não se faz distinção, nem beleza ou graça; ou seja, o mundo é proporcionalmente mais interessante e bonito na medida em que se apresentam as variações, as diferenças. Basta perguntar: você quer sempre se vestir com a mesma roupa? No mercado, você quer sempre o mesmo produto que as outras pessoas? Será que a beleza é comum, ou, ao contrário, somos bonitos porque somos diferentes?

Ainda bem que no mundo existe uma diversidade de produtos e serviços que suprem as necessidades de diferentes gostos em quase tudo que procuramos, não é mesmo?

Por experiência própria, aprendi a ser grato pela variabilidade em todos os aspectos, não apenas nos produtos do supermercado, mas também nas afinidades com as pessoas, nos vários tipos de relação que podemos estabelecer com cada uma delas em nossa vida.

É evidente que, no relacionamento íntimo, a intolerância às diferenças também influencia a vida afetiva do casal. Imagine seu companheiro exigindo que você seja paciente e submissa como a mamãe dele, pois ele não admite que "sua mulher" seja independente (entre aspas, porque ninguém é de ninguém, as pessoas doam mutuamente a sua companhia, mas não são proprietárias ou donas umas das outras); ou mesmo sua esposa querendo que você lhe ofereça atenção integral, não podendo, assim, visitar seus familiares nos finais de semana, pois quer total exclusividade e não aceita ser contrariada. Como você se sentiria com alguém inflexível ao seu lado? Mostraria toda a sua afetividade e doçura ou reagiria da mesma forma?

Quase sempre reagimos de forma parecida para fazer com que a outra pessoa sinta "o que estamos sentindo", mesmo que não queiramos admitir. No entanto, a partir de agora, gostaria de convidá-lo a dividir parte das experiências que vivi, somadas à rica observação do conteúdo das entrevistas que analisei e estudei no laboratório da vida em meu consultório durante alguns anos de estudo e atendimento ao público.

Tenho plena convicção de que o material que apresento neste livro fará uma grande diferença em sua vida afetiva não apenas com seu parceiro(a) afetivo(a), mas também com qualquer pessoa com quem convive diariamente. Proponho alguns diálogos diretos por meio de perguntas, exercícios de reflexão e anotações; porém, sugiro que todas as experiências e respostas sejam devidamente registradas, já que o leitor poderá utilizar este "Manual prático da vida afetiva e conjugal" para consulta diária, e refazer os exercícios outras vezes após certo período, pois certamente suas perspectivas sobre seus relacionamentos afetivos e conjugais em seu contexto geral já terão se modificado.

Desejo que aproveitem as valiosas dicas e sugestões e façam bom uso delas para seu desenvolvimento pessoal e humano, para que saibam "como obter sucesso em seus relacionamentos" de agora em diante.

1. O mundo da fantasia

Antes de tudo, gostaria de conversar com o leitor sobre "o mundo da fantasia" em que vivemos em nossa vida afetiva. Desde muito cedo, aprendemos com as experiências de outras pessoas à nossa volta — nossos pais, tios, irmãos mais velhos, entre outros — quem supostamente entendia e dominava com sucesso os assuntos sobre relacionamentos e sobre vida amorosa. Assim, fomos assumindo ideias de "certo" e "errado" na vida e no amor, transferindo esses valores para a vida afetiva e conjugal, conforme veremos adiante, fazendo ideais e criando fantasias com aquilo que aprendemos, sem saber que consequências viriam em seguida. Mesmo sem saber o preço que pagamos por fantasiar no relacionamento, a vida nos mostra, a cada experiência, que quem cria fantasias deve ser capaz de realizá-las em seu sucesso ou de sustentá-las em seu fracasso.

Acredito que uma das primeiras definições que nos foi ensinada é a da atribuição do sucesso no amor ao tempo de duração da experiência, que deveria ser única, eterna e com a mesma pessoa. Além disso, existia, e ainda existe, a ideia de sucesso baseado no acerto, ou seja, deveríamos acertar na primeira experiência (como se fosse um jogo de tiro ao alvo afetivo), pois quem não acertasse na primeira não teria sucesso na relação amorosa com outros parceiros e, consequentemente, seria infeliz.

Ainda nos dias de hoje, em minhas experiências de consultório, percebo que a maioria das pessoas nutre esse tipo de relação entre a durabilidade do relacionamento conjugal e o sucesso na vida afetiva. Nesse caso, pode-se dizer que existe algum sucesso por estarem juntas, pois mantêm um status social, ou seja, são bem-sucedidas por reputação, pois permanecem na mesma experiência conjugal. No entanto, isso não significa que haja sucesso na vida afetiva e que os respectivos parceiros estejam satisfeitos um com outro. É necessário que façamos essa diferenciação, pois, no decorrer da nossa conversa, faremos menção ao sucesso conjugal e ao sucesso afetivo separadamente.

Aproveito o ensejo e lhe pergunto: que tipo de relação você vive hoje? O que está mais próximo da sua vida? Sucesso na vida conjugal ou sucesso afetivo? Qual deles você preferiria? E qual deles a sua fantasia escolheria?

Aqueles que não têm cônjuge talvez respondam:

— Nenhum dos dois, pois estou sozinho no momento.

Aí é que você se engana, pois outra mensagem que absorvemos do mundo é justamente esta: se você decide por estar só, você é um frustrado, está na solidão e não pode ter uma boa vida afetiva. Que mentira! Mentira tão deslavada que, quando não nos sentimos bem em uma situação, seja financeira ou amorosa, logo precisamos buscar equilíbrio sozinhos, seja saindo do emprego para tentar outro — para isso serve o salário desemprego! —, seja no amor, ficando um pouco sozinho e aprendendo, acima de tudo, a "namorar-se", até que encontre um equilíbrio consigo mesmo para depois iniciar um novo namoro com outra pessoa. Esse tempo sozinho varia de pessoa a pessoa, dependendo do que cada um necessita em seu momento de reencontro com o íntimo.

Acho que você não irá concordar, mas é fato que existem pessoas que encontram uma vida afetiva satisfatória, desvinculada da vida conjugal, uma vez que preferem morar com seu animal de estimação ou se lançarem em relacionamentos curtos sem assumir compromisso; seja em um ou outro caso, assumem sua posição e se dizem felizes, satisfeitas. Note:

se você está no grupo de pessoas que não aceita essa verdade, é provável que as mensagens que foram passadas pelo mundo como ideias morais e conservadoras tenham se instalado como crenças e imperem como certas e supremas. Ao mesmo tempo, se você nunca viveu uma experiência afetiva que tenha lhe trazido algum significado em sua vida amorosa, torna-se difícil o entendimento da sensação real de satisfação e individualidade, que pode acontecer de maneiras muito diferentes para cada um de nós. É bom percebermos o quanto fomos contaminados pelas mensagens sociais coletivas sobre o amor, o sentimento e o romantismo. Demoramos muito para perceber qual é a diferença entre a realidade afetiva de um indivíduo, suas reais possibilidades de afeto e a fantasia afetiva, ou seja, nossa verdade afetiva não confere com nossas fantasias de como gostaríamos que as coisas acontecessem.

Em seguida, conversaremos sobre as principais fantasias que criamos e que, consequentemente, influenciam a nossa vida afetiva, pois partem de conceitos preestabelecidos que nos atrapalham mais do que auxiliam, dependendo da forma como os aplicamos ou até mesmo impomos em nossa vida pessoal. A possibilidade de olharmos cada uma delas mais de perto e com mais atenção oferece-nos a possibilidade de mudança e transformação de conceitos, a fim de desatar amarras que podem estar originalmente na vida afetiva, porém causando entraves em outras áreas de sua vida.

Mensagem social coletiva de sucesso afetivo

Este tema é de suma importância, pois, sem perceber, recebemos, desde os nossos primeiros dias de vida, inúmeros estímulos do meio ambiente e dos adultos que nos acompanhavam. Esses estímulos, que nos influenciaram fortemente, compunham um conjunto de cuidados enquanto éramos bebês, crianças, que nos auxiliava a lidar com nosso mundo e aquilo que nele observávamos, explorando nossas capacidades e potenciais desde as primeiras sílabas que falamos, os primeiros passos que demos, o ambiente e as pessoas com as quais convivemos, até que aprendêssemos a fazer e a observar por nós mesmos.

Logicamente, os estímulos que tivemos foram providenciais e necessários. O fato é que, associados a eles, foram inseridos no contexto tanto valores e intenções dos pais e da família como medos, traumas, deduções e observações muito próprias deles.

Devemos perceber como também fomos influenciados pelo meio ambiente e até pela ciência, que acredita na biologia e na genética não apenas como principais variáveis no entendimento das doenças e sintomas físicos do organismo, dando mais importância ao estilo de vida, alimentação e hábitos, os quais também têm seu o valor; mas, em muitos casos idiopáticos (doença de causa desconhecida), não são o suficiente para identificar ou entender os mecanismos patológicos envolvidos. Dessa forma, grande parte da ciência quase sempre despreza o mundo interior e psicoemocional do indivíduo no que diz respeito ao seu maior ou menor controle e estrutura emocional diante de determinadas situações que experimenta diariamente.

Frequentemente, encontramos pessoas que sofrem de doenças e sintomas de várias especialidades da medicina, como doenças reumáticas, artrites e artroses, doenças cardiovasculares e metabólicas, digestivas e neurológicas, entre outras. A ciência confirma a influência da genética na saúde do organismo, uma vez que existem casos de antecedentes familiares até mesmo no alcoolismo, no tabagismo e em uma série de casos psiquiátricos. No entanto, não é curioso que se encontrem casos de tumor maligno, enfisema pulmonar e doenças sérias, como aneurisma cerebral, em pessoas que não tiveram antecedentes familiares e que geralmente vivem de forma sadia e regrada? Parece que, mesmo com a predisposição genética a determinadas doenças ou tendo saúde perfeita, algo muda de organismo para organismo. O que será? Podemos realmente desprezar as atitudes e comportamentos do indivíduo que habita em seu próprio corpo, negando que tudo o que ele próprio pensa e sente o influencia?

Muito se fala sobre a influência da genética familiar em cada indivíduo. Seguindo essa linha de raciocínio, o autocontrole emocional também está associado às mensagens sociais e vem sendo relacionado principalmente à genética. De qualquer maneira, ao lidar com relacionamentos afetivos e conjugal, mesmo com diferentes tipos de temperamentos e assumindo personalidades distintas, necessitamos de uma dose de inteligência emocional e afetiva, paciência e autocontrole que, juntos, compõem o que chamamos de estrutura psicoemocional. Ela é de suma importância, uma vez que nosso sucesso ou fracasso nos relacionamentos depende do desenvolvimento dessa estrutura não apenas no setor afetivo, mas também nos âmbitos profissional e social. É comum observarmos que se atribuiu ao autocontrole emocional e social certa influência genética familiar. Será que há lógica nisso?

Por exemplo, inúmeras vezes ouvimos dizer:

— Ele é muito nervoso, mas é de família, pois o pai dele também é. O irmão, então... Nem se fala!

— Nisso ela puxou a mãe e a avó, naquilo puxou o tio. Por isso, ela não arranja confusão. É calma e educada.

Será que essas afirmações podem ser levadas em consideração? Se fosse tão óbvio, como uma família paupérrima, que nunca teve familiares estudiosos e acesso a qualquer acervo cultural, poderia ter um filho considerado superdotado?

Se a ciência puder comprovar esse fato, é melhor rezar para ter a sorte de nascer em um lar onde os pais trazem *o bom gene da harmonia e da serotonina*[2]! Já quem não teve a mesma sorte pode chorar, pois vai sofrer ou tomar remédio para o resto da vida! Será mesmo verdade? Até que ponto isso tem lógica? É científico, genético de fato, ou adquirido com muito mimo e condicionamentos negativos?

Nesses casos, acredito que até mesmo a genética permite certa plasticidade, sendo que, em todo o nosso corpo, cada tipo de reação que apresentamos diante dos fatos e acontecimentos ativa ou inibe determinados centros cerebrais ou órgãos, aumentando ou diminuindo a produção de hormônios, anticorpos ou substâncias benéficas ou deletérias a partir daquilo que pensamos e sentimos. Haja vista que, quando alguém está contente, produz *serotoninas* e *endorfinas*, enquanto o indivíduo depressivo produz substâncias deletérias como a *cadaverina* e *putrecina*, caracterizando inclusive o odor fétido (mau cheiro) característico do depressivo. Por isso, devo ressaltar que o conteúdo que foi aprendido pelo indivíduo pode ser moldado e experimentado por ele a cada dia, dependendo de como ele escolhe lidar com o mundo em que vive. Mais adiante, vamos conversar sobre o poder da escolha como fator fundamental para o sucesso em nossas vidas.

---

[2] Neurotransmissor responsável pela sensação de bem-estar e alegria.

Vejamos de outra forma, por meio de um simples exemplo conformista, como fica cada vez mais difícil lidar com as pessoas e com os nossos relacionamentos cotidianos: quando uma mãe acha que seu filho é birrento porque puxou o avô e isso basta, por essa mesma razão ela começa a abrir espaço para que ele "treine" a birra ao longo dos seus anos de vida e se transforme em um tirano mimado que acreditará que é seu direito fazer o que bem entende; se as coisas não saem como ele deseja, apenas porque sua "genética" é igual à do seu avô, poderá ficar inconformado e acabará praticando atos selvagens e inconsequentes, muitas vezes até contra os próprios pais. Atualmente, presenciamos as notícias da mídia, no rádio e na televisão, incontáveis casos de pais e filhos que tragicamente se agridem, cometendo assassinatos e atos cruéis dentro e fora de suas casas: filhos que degolam pais, pais que atiram filhos de sacadas de apartamentos, namorados que assassinam namoradas por "amor" (sentimento mórbido de rejeição), filhos bem instruídos que incendiaram um índio na rua (crueldade sádica). Tais atos geralmente são desencadeados pela falta de limites e pelo excesso de permissividade no lar, uma vez que a maioria dessas pessoas, antes de tais tragédias, nunca teriam sido diagnosticadas pela medicina ou pela psiquiatria como psicóticas ou sociopatas.

Em contrapartida, pais que dão limites agem com firmeza e respeito e sempre são respeitados. Criam seus filhos com o objetivo de prepará-los para enfrentar o mundo, sabendo que, mesmo que as coisas não sejam como desejam, podem tentar novamente. Não devemos nos abalar com qualquer decepção e, mesmo que outras pessoas tenham opiniões contrárias, somos todos responsáveis pelos nossos atos e pelas nossas consequências. O principal de tudo isso é: *não existem no mundo pessoas que nunca se decepcionaram*. Sendo assim, precisamos aprender a nos educar para lidar com isso!

Todavia, perceba como os condicionamentos negativos e a maneira de encarar o mundo são mais hereditários do que genéticos ou biológicos. Sabemos também que existem processos patológicos psiquiátricos e não podemos negar esse fato. Contudo, esses casos são perceptíveis, seja no início da vida ou em alguma fase em que o processo se desencadeou; nesse caso, torna-se necessário submeter o indivíduo a tratamento médico especializado, associado a um apoio psicossocial e emocional adequado.

Podemos notar filhos que trazem e absorvem dos pais uma grande quantidade de angústia, ansiedade, catastrofismo e medo. Para a grande maioria, fica claro que a *má educação é hereditária, e não genética*, pois, primeiramente, são passados de pai para filho uma certa educação, tradições, costumes e condicionamentos que causam prejuízos e deficiências de grande escala na vida do *mal-educado* por herança. Por isso é que, nessas circunstâncias, sempre acreditei que a herança de como se encara a vida *é mais genética que a própria genética*, já que o genótipo também sofre transformações, ou seja, não é estático.

Lembro-me de uma palestra de um amigo médico, também cientista e professor universitário da Unicamp. Ele falava sobre sua participação numa pesquisa sobre crianças hiperativas em que abordaram uma doença conhecida como DDA (déficit de atenção), na qual a criança tem sérios problemas para dominar sua concentração, geralmente apresentando comportamentos atípicos, inquietude e agitação. Ele dizia, surpreso, que de 100% das crianças que supostamente tinham DDA, 10% realmente apresentavam a doença; os outros 90% eram malcriados. Tais observações, colhidas em ambiente científico, acabaram por confirmar meus achados anteriores em consultório, porém voltados a casos de má educação e orientação adulta ao lidar consigo e com seus relacionamentos de forma geral.

Estou certo de que, a essa altura, os leitores devem achar que eu quero culpar aqueles que nos orientaram (ou desorientaram), sejam eles nossos pais, tios ou avós que nos criaram. Novamente, estão enganados, pois aqueles que cuidaram de nós só puderam fazer aquilo que melhor sabiam e, talvez ainda hoje vivos, seguem aqueles mesmos conceitos que nos ensinaram. É a maneira deles de entender a vida.

Toda tentativa de culpar ou responsabilizar alguém é não querer encarar a verdade. Isso causa revolta, é um atraso de vida, já que dessa forma nada se resolve, principalmente porque "é verdade que alguém falou, mas é igualmente verdade que alguém escutou". A primeira característica necessária para termos sucesso em qualquer tipo de relacionamento é nos responsabilizarmos pelo que escutamos e por aquilo que validamos em nossas vidas. Sei também que algumas filosofias, culturas, tradições e dogmas culpam nossos educadores por aquilo que fizeram conosco e pela forma como nos educaram, tratando-nos como vítimas diante do mundo.

Mais uma vez, vou contar com seu livre-arbítrio antes de continuar a nossa conversa. Lembra da pergunta que fiz no início a respeito do arbítrio? Pois então, o que você escolhe? Ficar na revolta, pois as coisas não aconteceram como o seu "mimadinho interior" queria, ou reconhecer que os seus educadores, como humanos, fizeram o que estava ao alcance deles e, agora adulto, você pode escolher por si mesmo algo melhor? É com tranquilidade que lancei essa pergunta, pois sei que a escolha é sempre de cada um e a consequência também. Cada um arca com a situação de vida em que se encontra, conforme suas escolhas! Ou ainda não percebeu isso?

Observe a ilusão a seguir:

Outra fantasia que frequentemente alimentamos, e ainda é fortemente nutrida e passada como mensagem pela sociedade, é que quem ama está sempre junto, está sempre por perto para o que precisarmos. Assim, as pessoas se unem esperando e cobrando a presença, o carinho e a atenção das outras pessoas. Fazem tudo pelos outros para que recebam em troca um pouco de atenção e de afeto, e intimamente exigem, sendo que geralmente nem mesmo percebem que o fazem. Assim como todos os tipos de carinho, a atenção e o afeto são sentimentos bons e necessários em nossas vidas, mas são mais bem aproveitados quando conseguimos conquistá-los, e não quando exigimos como condição e prova de amor.

Note que até mesmo algo considerado bom, tal qual o sentimento, a ajuda e o carinho, precisa ser bem orientado e conduzido para ser usufruído.

Apenas neste sucinto livro, não conseguiríamos citar todas as mensagens sociais que nutrem nossas fantasias, pois existe uma série incontável delas. O importante é que possamos identificar algumas delas na medida do possível, pois, quando fortalecidas por nós e estabelecidas em nossas vidas, sem notarmos, as fantasias se tornam a principal arma contra o sucesso em vários aspectos da vida. Isso acontece porque elas consistem em formas rígidas que não oferecem espaço para a expressão da nossa verdade.

Muitas pessoas confundem fantasia (ilusão) com objetivo. A diferença é muito clara, pois na ilusão queremos o que queremos sem saber se temos condição para tal ou se podemos; apenas desejamos, sonhamos e "damos asas à imaginação", esperamos e não admitimos que as coisas ao redor se apresentem de outra forma. Quando falamos em objetivo, estudamos os meios para conseguir as coisas, medimos, planejamos com os pés no chão, e até aceitamos diferentes estratégias e métodos para atingi-lo ou mudá-lo, de acordo com nossa realidade, com bases concretas. Nesse caso, se a situação não se apresenta da maneira como queremos, arcamos com a responsabilidade, nos reerguemos sem culpar ninguém e partimos novamente para outra direção.

Quase sempre, quem está iludido não sabe que está no "mundo das fantasias", pois está vivendo com toda a sua intensidade. Intensidade tamanha que transforma suas fantasias em realidade sem se dar conta. Essa pessoa só consegue perceber sua ilusão quando recebe a visita da verdade. Nesse exato momento, experimenta a desilusão e começa a achar que o mundo é cruel e que a realidade é dura, tentando responsabilizar os outros pela ilusão que ele mesmo (ela mesma, a pessoa) criou.

As fantasias que nutrimos, assim como suas consequências, geralmente nos causam revolta, frustração e decepção. No entanto, apesar de terem origem nos valores sociais, são de responsabilidade do indivíduo que as adota, ou seja, cada um pode acreditar na ilusão ou fantasia que quiser (livre-arbítrio), contanto que consiga arcar com a consequência: a desilusão.

Vejamos a seguir algumas das frequentes mensagens sociais e fantasias ainda difundidas atualmente que estão impregnadas em nós e dificultam nossos relacionamentos afetivos. Continuarei monitorando-o com exercícios e perguntas, para que você possa identificar e, se quiser, eliminar tais mensagens de sua vida. Sei também que, após seu dedicado esforço, concordando ou não com minhas visões, você terá feito exercícios e observações que certamente lhe proporcionarão outras perspectivas de vida.

A ideia do acerto "para sempre"

Antes mesmo de ingressar em algum relacionamento, ou até mesmo antes da adolescência, escutamos ideias de acerto. Seja em forma de conselhos e orientações, seja em forma de ideais sociais e educacionais (todos muito bem intencionados), sempre fomos cobrados por ideias de acerto. Vamos lembrar algumas das mais comuns entre elas:

— Você tem que dar certo na vida!
— Como você ainda não sabe o que quer?
— Você vai viver para o resto da vida com ele? É com esse ou não é?
— Já encontrou sua mulher ideal?
— É agora ou nunca!

Lembra-se dessas frases? Perceba como éramos e ainda somos ensinados a corresponder a elas.

Quando analisamos a mensagem social de acerto por trás de cada uma dessas frases, começamos a entender que, em suas entrelinhas, existe muito mais profundidade do que pensamos. Primeiramente, a mensagem que existe de uma verdade absoluta, "o certo". Além disso, ainda está incluída a ideia de que este "certo" deve ser atingido na primeira tentativa, ou seja, só se tem uma chance para acertar e para ser feliz, ou então você errou e deve se sentir fracassado.

Desde muito cedo, recebemos essa mensagem em forma de imposição; sendo assim, sentimo-nos mal se não agimos de acordo com tais imposições. Para isso, cobramos nós mesmos para que tomemos certas atitudes, pois acreditamos piamente que não haverá outras oportunidades. Portanto, se não acertarmos na primeira, seremos recriminados e mal quistos pela sociedade; automaticamente nos autorrecriminamos por termos "errado". Isso representa a maior parte de nós, pois não temos respostas definitivas e assertivas a todo o momento e em todas as áreas de nossa vida.

A partir da possibilidade de sermos classificados como fúteis, irresponsáveis e imaturos, forçamos nosso ser de maneira a fazer escolhas importantes não apenas na vida amorosa, mas também na vida profissional e social. No entanto, essa "falsa segurança" que nos acompanha desde que somos crianças ou jovens adultos mostra-se como inconsequência, pois futuramente o indivíduo não se dá o direito de fazer novas escolhas, assumir outras direções na vida, pois adotou a "ideia do acerto" durante toda a sua vida, sem nunca se questionar sobre aquilo que realmente teria condições naquele momento. Assim, muitas pessoas se aborrecem, exigindo de si mesmas o impossível, pois aprenderam que têm que "acertar na primeira e definitivamente"; e ainda mais: "para sempre".

Se conseguirmos ser verdadeiros conosco, sabemos que é impossível e ilusório acertarmos na primeira algo que não dominamos ou em que nunca tivemos experiência; assim, esse tipo de cobrança em forma de ameaça pode gerar sérias consequências. Imagine só: alguém que está prestes a ingressar na vida profissional, achando que terá uma única chance, pressionando-se como nunca para obter êxito naquela primeira experiência, como se não pudesse tentar novamente. Qual será sua atitude consigo mesmo se não conseguir o que deseja? Certamente se punirá e ficará contra si mesmo, gerando desânimo, enxergando-se como azarado; por fim, não terá seu próprio incentivo para tentar novamente. Isso alimenta uma visão agressiva do mundo, sem perceber que sua cobrança em excesso é a causa.

Enfim, chegamos à vida afetiva, na qual a ideia do "acerto" é opressora, pois é exigido que se encontre "a pessoa certa", "na hora certa", "no lugar certo" e que saiba o que queremos, que nos entenda "do jeito certo", que dure "para sempre" e sejamos muito felizes, apesar de estarmos começando a nos conhecer. É muita exigência ao mesmo tempo! Esse tipo de ilusão torna-se uma neurose tão comum que achamos normal as pessoas terem, durante a vida toda, apenas um relacionamento, um namorado, um casamento, uma experiência sexual e um conceito único sobre relacionamento afetivo. Você percebe como também fomos ensinados a pensar e agir da mesma forma? Sem escolha, sem poder de decisão, quase sem arbítrio.

Adotando esse tipo de pensamento opressor, consegue-se, no máximo, um final trágico e único e, no mínimo, uma vida sem graça, apagada. Isso porque não temos o poder de acertar sem experiência. Precisamos passar por certa vivência para entender o significado deste ou daquele relacionamento durante um período da nossa vida, e então decidir com qual temos maior afinidade, qual queremos validar para a nossa vida.

Encanto, sedução, juras e provas do amor condicional

Quem de nós, em seu primeiro encontro, não teve a ideia de usar bombons, ursinhos de pelúcia e palavras doces para conquistar o parceiro ou a parceira? Os homens eram sempre conhecidos por oferecerem flores coloridas, vistosas e cheirosas às pretendentes. Já as mulheres deviam dominar os dotes domésticos e culinários para fazer jus ao antigo ditado: "Uma boa mulher prende seu marido pelo estômago".

Os jogos de encanto e sedução eram sempre os mesmos na incessante busca e conquista do parceiro ideal na vida das pessoas. Claro que é gratificante receber um carinho, um chamego, um sussurro ao pé do ouvido; no entanto, grande parte dos casais nota que, com o passar do tempo, esses joguinhos ficam cada vez mais raros. Após alguns anos de namoro ou casamento, o casal se dá conta da falta de atenção e, às vezes, um se desinteressa pelo outro.

Ao longo dos anos de relacionamento, uma das mais frequentes queixas do casal é que a outra pessoa mudou e não demonstra os mesmos recursos de sedução, galanteios e gentilezas como fazia anteriormente. Os maneirismos de encanto acabam se tornando um artifício de manipulação utilizado para se conseguir o que se quer do outro, chantageando e mostrando que se ele fizer aquilo que eu quero, aí sim receberá um dengo.

Nesse exato instante, como observador do comportamento humano, quero estudar esse caso em particular com o caro leitor:

Onde estão o carinho, o afeto, o encanto? O que aconteceu com aquela pessoa que se dizia romântica? Será cansaço, monotonia rotineira? Ou será a falta de observação do que acontece na vida de cada um, quando estão vivendo de forma condicional e não sabem?

De maneira geral, aprendemos a seduzir para impressionar e fazer com que o outro confie em nossa "sinceridade sentimental", convencendo-se de que somos a melhor opção naquele momento. Imagino que neste ponto da nossa conversa você possa achar que estou tendo uma visão pessimista dos românticos. Não é verdade, pois também tenho conhecimento de que existem indivíduos naturalmente dotados de temperamento terno, de extrema boa vontade, meigos em grande parte do tempo. Mas isso não é regra; afinal de contas, o temperamento é único, diferente de indivíduo para indivíduo. Acontece que essas pessoas adotam essa atitude terna e afetuosa não apenas com o parceiro, mas também com as pessoas com quem convivem por serem assim, e não por convenção, por obrigação ou para conseguir alguma coisa em troca.

Como geralmente se aprende a corresponder ao comportamento afetivo social de encanto, provas e juras de amor para seduzir o outro, grande parte das pessoas mostra logo aquilo que querem esconder e não aguentam por muito tempo as chamadas máscaras de sedução, pois elas são passageiras e duram apenas o tempo conveniente para que se obtenha confiança e credibilidade do outro. Alguns se beneficiam desses artifícios propositalmente quando têm algum tipo de interesse, mas muitos se utilizam deles e nem percebem, de tão intensa que é a imposição da mensagem social de parecer algo que não somos apenas para agradar. Esse é o amor condicional.

O amor condicional é aquele no qual impomos condições para amar (a nós mesmos ou ao outro), seja em forma de palavras ou de atitudes, nas quais se encaixam bem os seguintes tipos de exigências ao outro:

— Se você me ama, você tem que... me dar carinho, me levar para passear, demonstrar seu afeto, me fazer um agrado, me dar atenção, etc.

— Você jura que me ama?

— Promete que vai me...

— Prove que gosta de mim!

— Se me amasse, você faria... (certas coisas) para mim.

Além disso, também agimos assim com nós mesmos quando falamos ou pensamos:

— Se eu amo, eu tenho que me preocupar, ligar, me mostrar presente, assumir o sentimento, sofrer, agradar mesmo contrariado.

Para conseguir isso tudo, abandonamo-nos e não damos a devida atenção a nós mesmos, ficando insatisfeitos conosco e com o outro. Vamos perceber que, nesse caso, a insatisfação não tem origem na união do casal, mas na interferência do julgamento de amor que aprendemos. Nossa cabeça é ruim quando estamos amando, pois ela julga, impõe exigências, cobra atitudes, quer receber aquilo que a pessoa não dá a si mesma.

Não há problema nenhum se existe ternura, meiguice, carinho e respeito verdadeiros; inclusive, é bom que se cultive esse tipo de troca nos relacionamentos afetivos. Porém, esse tipo de consideração com carinho e verdadeira vontade vem de nós naturalmente quando estamos nos sentindo bem, confortáveis, podendo nos expressar como realmente somos, sem pensar nas consequências de ter que contentar ou não as expectativas do outro.

Pense bem, nós também não gostamos de ser cobrados. Quando isso ocorre, não conseguimos ser íntimos uns dos outros. Por mais que tenhamos carinho, respeito e amor pela outra pessoa, não gostamos de cobrança; no entanto, exigimos e fazemos ao outro aquilo que não gostamos de receber.

A cobrança por si só endossa a falta de intimidade e proximidade nos relacionamentos a dois e, sem essas últimas, não existe a verdadeira expressão de si mesmo, não é possível a verdadeira entrega ao sentimento; existem apenas os "jogos de poder", como medir força e sofrimento a dois durante anos e anos. Mais adiante falaremos mais sobre a importância da intimidade para o sucesso dos relacionamentos afetivos.

Felicidade: alguém faz alguém feliz?

Alguém faz alguém feliz? Essa é a pergunta mais óbvia que podemos fazer para as pessoas que vivem um tipo de amor condicional. Mais óbvia ainda é a resposta, pois, apesar de não verbalizarmos ao outro, temos em nós instalados programas condicionais do tipo "eu vou te fazer feliz", ou ainda "eu vou dar um jeito na sua vida", "vou fazer de você uma pessoa realizada", ou algo parecido.

Mais uma vez, a mensagem que internalizamos da cultura, da educação e dos padrões sociais é constante, exigindo que se cuide do outro, colocando a responsabilidade da felicidade e do sentimento de outra pessoa em nossas mãos, como se fossemos capazes de realizar essa proeza. Até hoje estamos tentando fazê-lo e cada vez mais nos decepcionamos, pois em certas ocasiões mal conseguimos dar conta da nossa própria vida.

Comumente começamos qualquer relacionamento afetivo carregando a responsabilidade de satisfazer a outra pessoa, assumindo todas as suas expectativas e frustrações diante de experiências que muitas vezes não nos dizem respeito, como na vida social ou profissional. Um exemplo disso é quando o marido chega em casa cansado depois de um dia difícil no trabalho. Sua esposa, por sua vez, está feliz por ter conseguido bons resultados em seu trabalho ou por qualquer outro motivo. Contudo, a atitude de comemorar seu contentamento naquele momento seria mal interpretada pelo marido, pois ela deve sentir-se mal pelas decepções e frustrações dele. Se não for assim, parecerá que ela está fazendo pouco caso do sentimento alheio.

Com o passar do tempo, tornamo-nos reflexo do ambiente, "um xérox sentimental" do mundo, à medida que aprendemos a nos sentir mal pelo mal-estar do outro e culpado se justamente naquele dia estamos contentes. Essa atitude torna-se um vício, e o maior problema é agirmos dessa forma nos vários tipos de relacionamentos que estabelecermos. Acabamos fazendo o mesmo em casa, com os amigos e parentes, na profissão e até no sexo; ou seja, exigimos de nós a responsabilidade sobre a felicidade e satisfação do outro desde sua vida social até sua vida afetiva e sexual.

Apesar de escrever sobre essas observações, acho muito difícil convencer as pessoas e até mesmo o prezado leitor de que não temos competência ou capacidade para fazer alguém feliz, pois o pensamento contrário está enraizado em grande parte de nós. No entanto, precisamos primeiramente aprender a nos sentirmos felizes em vez da pretensão de achar que sabemos o que é bom para o outro.

A propósito, você sabe o que é pretensão? Pretensão, como já relatado e exemplificado acima, é a fantasia soberba de achar que sabemos o que é melhor para o outro e que temos a responsabilidade de fazer o parceiro ou a parceira feliz. Assim, em nossa pretensão, tentamos ser mais do que somos ou mais do que podemos ser, querendo ser maiores, sofrendo pelos sentimentos do cônjuge, assumindo o sentimento de todos, quando nem sempre sabemos lidar com nossos próprios sentimentos. Além disso, cobramos soluções para os problemas alheios e nos culpamos quando não damos conta de resolvê-los. Diga-se de passagem: sempre tentamos, mas na verdade ninguém consegue arcar com o peso de todas as cobranças impostas por nós mesmos com nossa pretensão; por isso, sempre que existe pretensão, sentimo-nos culpados.

Sugiro que, neste momento, você pense em sua vida afetiva e pergunte a si mesmo o quanto se responsabiliza pela vida daqueles que ama. Nesses momentos, veja como você se cobra para ter alguma solução quando a ajuda *nem mesmo foi solicitada*. Nesse sentido, quanto maior a pretensão, maior é o sofrimento, pois maior é a culpa por não ter conseguido e, consequentemente, surgem mais e mais discussões na vida do casal. A pretensão também pode estar camuflada pela vontade de ajudar, porém ela nos faz ajudar sem perguntar, o que caracteriza certa invasão de espaço e até da individualidade das pessoas que amamos. Assim, mesmo com a boa intenção de ajudar, acabamos nos intrometendo sem perceber e nos machucando, pois, como ninguém gosta de intromissão, essas pessoas reagem de forma repulsiva sempre que nos achamos no direito de ajudar sem pedir autorização, mesmo que haja justificativa plausível, como, por exemplo:

— Me preocupo com você porque te amo!

— Eu tento ajudar porque estou vendo os erros do outro.

— Ele é meu marido, como posso deixá-lo sofrer?

— Eu, como filho, tenho que dar um jeito nisso para os meus pais.

— Já que sou marido dela, tenho a obrigação de fazê-la sentir-se bem.

— Sou seu esposo (sua mãe), logo tenho o direito de te orientar quanto a...

Assim, esquecemo-nos que, *para ajudar, precisamos ser solicitados*. Sei que parece estranho falar que uma simples "ajuda" pode trazer algum prejuízo. No entanto, fica fácil entender quando nos colocamos do outro lado. Por exemplo: veja como também não gostamos quando alguém dá um conselho sem ser solicitado, seja na vida social, profissional ou afetiva. É evidente que quem está "ajudando" não se dá conta de que está fazendo um mal. Geralmente o faz de bom grado, mas, mesmo assim, quando percebemos algum tipo de intromissão, reagimos a ela de várias formas, podendo gerar ódio, repulsa ou, em casos mais abusivos de intromissão, acabar em agressão verbal ou até mesmo física.

Quantas vezes você quis fazer uma surpresa para o outro e ele nem reparou, agiu sem entusiasmo ou até recebeu a surpresa de maneira indiferente? O que aconteceu em seguida? Você ficou chateado e brigou, ou ficou calado e nunca mais tentou? Você já pensou que pode ter feito uma surpresa que agradou a você e não ao outro?

O problema é que, mesmo conhecendo a reação daquela pessoa, continuamos a fazer "surpresas". Apesar de ela não reagir negativamente a isso, pode não ter gostado. Definitivamente, não sabemos o que é bom para o outro e não temos essa capacidade, *a menos que investiguemos seus gostos* quando quisermos fazer um agrado.

Mesmo que essa visão pareça diferente, podemos começar a entender por que, como diz Luiz Gasparetto, durante nossa vida toda sofremos mais por amor do que com um inimigo. A pretensão é mais um tipo de imposição do amor condicional. O exemplo da exigência de fazer alguém feliz é tão profundo e intenso que, ao iniciar um relacionamento, a busca primordial resume-se na frase:

— Quero alguém que me faça feliz...

Sabemos que é bom receber agrados, atenção em forma carinho e sentimento de afeto das pessoas que amamos e, principalmente, dos parceiros afetivos. Por outro lado, muitas pessoas recebem amor e ternura gratuitos e nem por isso são mais felizes ou bem resolvidas na vida. Pelo contrário: quando recebem essa atenção, ficam cada vez mais manhosas, viciadas em atenção, apegadas à presença e dependentes da disposição do outro.

Por outro lado, percebo que aqueles que demonstram felicidade, alegria e satisfação afetiva desenvolveram, ao longo da vida, um tipo de pensamento e visão que lhes propicia sensações de bem-estar e felicidade afetiva e conjugal; ou seja, as próprias pessoas é que têm a capacidade de se fazerem felizes, dependendo de onde investiram ou investem. Tentando ser o mais claro possível, perceba como é bom encontrar alguém que se deixa ficar feliz quando recebe um presente, uma surpresa, ganha um vaso de flores ou até mesmo valoriza aquilo que já possui. Isso exige um trabalho prévio. Não basta exigir e ficar esperando; trata-se de um mérito pessoal de desenvolver sua mente e seus olhos para poder ver o que é bom.

Você é assim? Já desenvolveu olhos para enxergar o que é bom, ou fica cobrando, reclamando de tudo aquilo que recebe? Fica "esmolando" pela atenção do outro e quer tudo do seu jeito? Reconhece a forma como recebe carinho do parceiro(a)?

Se você ainda não tem a capacidade de se fazer feliz, é um sério candidato à espera do amor condicional, com suas decepções e sofrimentos, a menos que inicie de forma responsável algum investimento em si mesmo através de auto-orientação, conforme venho sugerindo ao longo deste livro. Retomaremos esta linha de pensamento mais adiante, mas, por ora, gostaria de sugerir que, ao contrário do que se diz por aí, a felicidade não está em alguma coisa, em algum lugar, ou em um patamar atingido, mas na capacidade que temos de nos alegrar durante a nossa jornada desde o seu início. Deixa de ser uma busca, senão seria vazia uma vez que não pudesse ser encontrada, e torna-se uma conquista adquirida a cada minuto de nossas vidas. Por isso, aqueles que ficam à espera da felicidade encontram-se sempre insatisfeitos e, por mais que aconteça algo de bom em suas vidas, não se deixam ficar contentes, pois não aprenderam a extrair prazer das inúmeras experiências, e nem as percebem mais em suas vidas.

O amor condicional só existe porque existe essa ideia ultrapassada e impossível, da qual ficamos nos cobrando para que o outro faça para nós aquilo que não nos fazemos.

O amor incondicional

Você sabe o que é amor incondicional? É aquele amor desprovido de pretensão, no qual não se impõem condições para amar. No amor incondicional, gosta-se pelo prazer de gostar, independentemente das necessidades que o parceiro tem ou exige. Esta forma de amor é atingida quando se dá sem pedir ou sem esperar nada em troca, pois se baseia no verdadeiro benquerer e está centrado na pessoa que dá, não na pessoa que recebe. Por exemplo, aquele que ama incondicionalmente não o faz porque precisa do apoio do outro, ou porque o outro fica bravo se não recebe, mas enquanto ama se expressa abertamente, podendo ser ele mesmo diante do outro: ama apenas pelo prazer de estar com o outro e de se permitir sentir e fazer seu benquerer, mostrando a sua verdade.

Tenho frequentemente presenciado e observado essa forma de amor em muitos relacionamentos sociais e interpessoais, mas eles se mostram cada vez menos comuns nos relacionamentos entre marido e mulher. Alguns exemplos práticos evidenciam essa linha de raciocínio: ao usar de sua boa vontade para fazer um favor para um amigo ou até para uma pessoa desconhecida, geralmente não cobramos nada em troca e, por vezes, até nos sentimos na posição de não receber nada como gratificação pelo favor que fizemos. No entanto, no relacionamento familiar ou conjugal, quando se faz algo para o parceiro, exigimos algo em troca, mesmo que seja reconhecimento, atenção e gratificações. Por que será?

Certamente você deve estar pensando que ama incondicionalmente e que não se encaixa no exemplo acima, mas, na maioria das vezes, sei que, após fazer algum agrado ou favor ao parceiro, muitas pessoas apresentam reações de amor condicional (independentemente de falar ou não) e quase sempre pensam:

— Ele nem reconheceu meu esforço depois do que eu fiz!

— É sempre assim: eu lhe dou tudo e não ganho nada em troca...

— É isso que eu recebo depois de tê-lo ajudado tanto?

— Quando você precisou, eu estava ao seu lado. Agora você me despreza?

Parece que, no amor condicional, exigimos cada vez mais compreensão e consideração e estamos sempre insatisfeitos com o outro, nutrindo mágoa e culpando-o pelo mal-estar causado e pela forma desorientada de amar e agir.

Se você ama de maneira incondicional, não tem esse discurso, nem fala ou esboça raiva ou descontentamento com relação ao parceiro. Você sente e reconhece em si a vontade e a disposição de ajudar, fazer, dar aconchego, independentemente da reação do outro ou do que a pessoa possa fazer em troca. Trata-se de uma relação sem interesse alheio; apenas há interesse em se envolver com aquilo que faz de bom grado, de coração.

Ao tratar de seus animais de estimação, geralmente as pessoas são mais incondicionais em sua forma de amar, diferente do mimo e da dependência de aprovação ou de afeto direto em suas vidas amorosas. Tratam bem deles, fazem companhia, alimentam, levam ao veterinário, levam para o banho e tosa, passeiam com eles, seja um cãozinho, gatinho, chinchila, iguana ou ratinho. Tudo isso sem pedir nada em troca.

Algumas pessoas não desenvolveram nenhum tipo de amor por animais de estimação e outras sentem ciúme, não querem dividir sua atenção e querem exclusividade sempre. Da mesma forma acontece com amigos ciumentos e possessivos, que não aceitam outra pessoa em um determinado grupo, seja na escola, trabalho ou até mesmo nas rodas de festa e animação, por se sentirem rejeitados na presença de pessoas com boa autoestima. Esse tipo de sentimento é muito comum nos relacionamentos sociais e interpessoais. No entanto, as possibilidades do amor incondicional acontecem muito frequentemente entre amigos de qualquer tipo, seja com uma amizade mais ou menos recente, seja com melhores amigos ou amigos profissionais.

Como é prazeroso estar entre pessoas que se querem bem, apenas pelo prazer de compartilhar a companhia do amigo, da pessoa querida que há tempos não vemos e, apesar disso, a conversa flui muito bem, com descontração, bom humor, prazer, alegria e bem-estar, características do amor incondicional. O fato é que, quando se dá sem cobrar nada em troca, sabemos que não é forçado e não se trata de fazer tipo, nem de usar as "máscaras de sedução", como se faz nas formas condicionais de amor. Dessa maneira, conseguimos enxergar a pessoa como ela é e, por isso, gostamos de participar, de estar ao lado, de trocar sem exigir nada, sem julgar, criticar ou coagir uns aos outros.

E já que estamos no capítulo "O mundo da fantasia", nessa condição de delírios e fantasias, o amor incondicional transforma-se em algo muito fácil de ser definido, mas praticamente impossível de ser atingido diante de tantas ilusões. Não seria bom que repetíssemos aqui a mesma asneira de muitos livros que falam de teorias e mais teorias sobre "o amor", "como é maravilhoso amar", "o amor é a cura para todas as doenças", "amar é a única solução para todos os nossos problemas". Não se trata de deboche, nem mesmo de discordar que existem necessidades de afeto, atenção, carinho e humanização, mas uma visão ingênua, como as que sempre escutamos, do discurso acima, nunca passaram de ilusão, fantasia, utopia, positivismo barato e superficial.

Por que o amor incondicional tem sido cada vez mais escasso nos relacionamentos afetivos de casais? Uma vez que não se pode ser si mesmo com o parceiro, não se pode falar o que pensa para evitar brigas, ou para não arranjar problemas e discutir, afastamo-nos de quem somos e também do outro. Onde está a intimidade com o parceiro?

Considerando que, apesar de sabermos da importância da liberdade entre os casais para conversarem sobre sexo, a verdadeira intimidade está longe de ter relações sexuais e se dar bem na cama com o parceiro. Assim, a contradição mais verdadeira é que não há intimidade com a pessoa com quem temos relações íntimas, pois o casal está viciado em pensamentos do tipo: "vamos evitar confusão" e, assim, as pessoas se despersonalizam por não se permitirem ser elas mesmas na relação afetiva.

Nos próximos capítulos, observaremos mais de perto os mecanismos do amor condicional, sua persistência ou não, e a possibilidade das relações do amor incondicional à medida que estudamos as principais transformações que ocorrem nas diversas fases em que surgem os desafios da vida conjugal (Capítulo 2). Os conceitos de maturidade e imaturidade afetiva (Capítulo 3) são imprescindíveis para identificar o tipo de relação afetiva que se estabelece em cada relacionamento em particular, o que certamente lhes oferecerá valiosas ferramentas para alcançar o sucesso na vida afetiva e conjugal (Capítulo 4), sempre que for possível.

2. Os desafios da vida conjugal

Os desafios da vida conjugal aumentam a cada dia, pois viver junto significa encarar-se diante do outro. De maneira geral, isso acontece em uma série de aspectos da vida emocional de ambos. Quem nunca se irritou com pelo menos alguma das manias do parceiro? Pois então, quando se convive com o outro, a vida convida, naquele exato momento, não apenas a deparar-se com suas manias defronte do outro, mas também a confrontar outras virtudes e intempéries, como: seu ânimo ou desânimo, suas expectativas e frustrações, sua paciência ou impaciência, bom ou mau humor. Outras delas envolvem as necessidades, gostos, vontades, arbítrio, e desafiam a destreza do casal em negociar, aceitar, esclarecer e posicionar-se diante de alguma situação.

Falar sobre vida afetiva requer não apenas um estudo ou simples leitura a respeito, mas também uma análise cuidadosa baseada na observação "vivencial" das pessoas envolvidas no relacionamento. Essas questões nem sempre são tão sutis e simples de estudar para serem consideradas a partir de uma versão isolada do caso, seja escutando apenas as queixas do marido ou apenas as reclamações da esposa. Isso acontece porque todos se veem em um relacionamento de ilusões, medos, anseios, exageros, censura, moralismo e perfeccionismo, e sofrem com o outro por carregar uma visão ilusória criada pelo mundo das suas próprias fantasias.

Como se não bastasse alimentarmos nossas ilusões isoladamente e darmos créditos a elas mesmo sem perceber, confrontamo-nos com elas na vida a dois, tentando impor ao outro a nossa verdade. Nesse momento, quando geralmente são incapazes de enxergar esse processo, as pessoas envolvidas no relacionamento encaram o que chamo de "sofrimento a dois", pois, enquanto não descobrirem e enfrentarem as fantasias, o resultado será caótico e desorientado. Para facilitar isso, vamos ajudar o leitor a identificar ou reconhecer alguns indícios que julgo serem os mais frequentes desta fase, destacando o início do sofrimento a dois, dentre outras variáveis como: os papéis da relação familiar, as cobranças e expectativas, os planos de um para o outro e os jogos e disputas de poder no desafiador convívio com as diferenças do cônjuge.

A partir do próximo item, espero que o leitor perceba que seu otimismo ou pessimismo sobre a vida de casado depende da forma como interpreta os fatos em sua vida, pois se nunca mudarmos nossa visão, persistindo com as mesmas atitudes, o sofrimento será inevitável. Todo esforço no sentido contrário sempre nos oferece novas possibilidades de olhar o relacionamento a dois e mudar atitudes em nosso próprio benefício.

O início do sofrimento a dois

Como terapeuta há mais de dez anos, tomo alguns cuidados para não validar como verdade a versão de uma só pessoa sobre algum assunto, principalmente porque, no sofrimento a dois, cada uma das partes apresenta sua versão da história que vive.

Um exemplo clássico é quando a mulher solicita a atenção constante do parceiro, mesmo que seja para conversar sobre como foi o dia, para passear, ou até para simples companhia. Como nem sempre isso é possível, já que mesmo em casa, algumas vezes, o marido precisa se ocupar com outras tarefas, logo a esposa se sente rejeitada e acha que o parceiro está "trocando" sua companhia e atenção pelo trabalho. O que ela não percebe é que está à procura de uma atenção que ela própria não se dá há muito tempo. Talvez já deva ter procurado nos pais, parentes, outros namorados, mas continua carente da atenção que não proporciona a si mesma, provavelmente desde quando sentia que seu pai era rígido e não a deixava sair e ter certos tipos de liberdade.

Também no caso do marido, podemos exemplificar as queixas de alguns deles que se sentem constantemente cobrados pelas mulheres. Tenho encontrado vários casos em que o homem remonta a uma situação de que não gostava ao ser pressionado por sua mãe na infância ou adolescência. Então, quando a esposa pergunta "Meu amor, onde você estava?", ele prontamente responde: "Pare com isso! Já lhe disse que não gosto dessa pressão, hein!"

Seja no caso da esposa ou do marido dos exemplos acima, note que as pessoas apenas trazem à tona problemas internos pessoais que já possuíam independentemente de estarem em um relacionamento afetivo, mas que se acentuam na relação íntima, pois espera-se que o parceiro resolva perturbações psicológicas que geralmente nem mesmo consegue enxergar. Isso acontece porque as pessoas nunca aprenderam a encarar seus sentimentos e nem a desenvolver autoconsideração suficiente para suprir suas próprias carências.

Dessa maneira, podemos perceber que sem um filtro próprio por parte do terapeuta, considerando as inseguranças e o conteúdo de vida mal-resolvido de ambas as partes, a ajuda fica dificultosa e, muitas vezes, torna-se superficial, pois o profissional fica "preso" ao que o cliente lhe traz, sem analisar as necessidades internas e o seu repertório de vida. Por isso, é fundamental compreender a pessoa no seu íntimo por meio de uma percepção aguçada e especializada nos mecanismos envolvidos no sofrimento do cliente em vez de ouvir queixas, reclamações, mesmo que por meio de histórias exageradas, como fazem as linhas mais convencionais de análise e terapia, em que o cliente quer enxergar a situação de maneira trágica e convencer o terapeuta de que ele é a vítima das circunstâncias nas mãos do parceiro, pois quando isso acontece não existe ajuda efetiva.

Para que cada um se situe no relacionamento, precisamos antes de tudo compreender a base em que foi fundada a relação, a união ou o casamento. Você já se perguntou qual o alicerce da sua atual relação? Geralmente, quando lanço essa questão no consultório, o cliente responde:

— Normal, doutor, o mesmo de todo mundo que se casa.

Outros ainda arriscam com outra pergunta:

— Mas como assim? Casar é casar, foi tudo muito rápido, não tinha como perceber nada disso.

Pois bem, se ainda estiver difícil perceber, pergunte-se: o que eu esperava de meu atual casamento antes de ele acontecer?

As pessoas se surpreendem ao se questionarem alguns anos depois, pois descobrem que alicerçaram seu relacionamento na inteira disposição do outro, incluindo suas vontades e caprichos, iludindo-se de que, quando a união se estabelecesse, grande parte das necessidades próprias se resolveria por si só (financeira, psicológica ou afetiva), como se fosse uma solução para todos os problemas na vida, e que o único investimento que deveriam fazer referia-se a noivado, festa, *glamour*, e que todo o resto viria com o tempo, sem mais esforço, sem empenho, sem investimento.

A maioria das pessoas acredita que a oficialização do relacionamento confere um status e, com ele, certo senso de responsabilidade perante a sociedade, um teor filosófico e religioso de muita importância para suas vidas, achando que, por isso, a vontade divina está estabelecida e confirma seu enlace, baseando seu relacionamento nesse status, como se isso fosse garantir a perfeita harmonia entre o casal.

Outros ainda se baseiam no próprio status de casamento, porém sentem a necessidade de provar aos familiares que são "de respeito"; portanto, para essas pessoas, formar uma família é uma maneira de provar que são capazes e adultos responsáveis. Alguns ainda acham que caminham para a liberdade, saindo da casa dos pais, ou ainda que são "românticos" (inocentes) o suficiente para achar que estar com o parceiro é esquecer de si completamente e cuidar do outro para receber carinho, atenção e consideração redobrados num futuro próximo, mas que nunca chega.

Principalmente nesse último caso, tenho comumente percebido um cenário de muita ilusão e amargura, pois (como na grande maioria) a relação baseia-se na *espera* do outro, quase sempre sem nunca receber. Se você se lembrar daquilo que nos ensinaram na educação formal e religiosa, isso combina com as ideias que nutrimos sobre ser alguém feliz, paciente, que espera para só depois de passar muita dificuldade ter direito à felicidade advinda dos outros; caso contrário, seríamos egoístas e gananciosos. Assim, grande parte das pessoas continua na esperança, apesar de estar vivendo um sofrimento, achando que um dia tudo mudará para melhor como num passe de mágica. Dessa maneira, não conseguem perceber que, apesar de estarem na espera, também estão sendo egoístas, deixando-se de lado para agradar o companheiro(a). Porém, fazem isso esperando de volta tudo o que deram e mais um pouco como demonstração de afeto, consideração e reconhecimento. Isso significa que, sempre que damos, esperamos algo em troca, mesmo sem pedir, justamente como falávamos logo acima na definição de amor condicional, embora seja necessária uma postura de humildade para admitir esse fato.

Ainda assim, o sofrimento a dois não existe apenas porque o alicerce do relacionamento está focado no egoísmo e no mimo, quando esperamos do esposo ou esposa tudo aquilo que queremos e ainda não temos, mas principalmente devido à despersonalização de ambos que, iludidos, em nome do relacionamento, assumem papéis que destoam muito do seu natural jeito de ser, o qual chamo de "jeitão".

A partir da sua despersonalização, não se realizam em nada que fazem, sentem um grande vazio, pois, fora o seu "jeitão", deixam de lado seus gostos, suas vontades. Sentindo-se cerceados, ainda sem saber o motivo, vão vivendo e tentando preencher suas insatisfações (sensação de vazio) de várias formas, que compreendem desde vícios alimentares, trabalho excessivo, compulsões, até relações extraconjugais.

A seguir, vamos ver como acontece o processo de despersonalização de várias pessoas que ingressam em suas uniões afetivas, em especial no casamento, que deixam de lado seu "jeitão" e, quase automaticamente, encaram os papéis da relação familiar, que consistem em modelos rigidamente padronizados. Absorvemos esses modelos da mensagem social coletiva que, como vimos no capítulo anterior, permanecem como programas preestabelecidos incutidos em nossa mente na forma de crenças quase sempre castradoras e limitantes.

Os papéis da relação familiar

Passamos a entender um pouco melhor o processo de despersonalização a partir do momento em que cada um assume funções da vida familiar, partindo daquilo que conhecem sobre planejamento e formação da família e do lar. Para isso, vamos tentar recapitular o início dos relacionamentos conjugais que levam à união estável ou ao casamento a fim de compreender o que, na grande maioria das vezes, não percebemos quando automatizamos nossa forma de viver. Sempre que queremos nos sentir inclusos em certos grupos que não estão de acordo com nossas características e comportamentos, acabamos aceitando tais diferenças para nos sentirmos mais bem recebidos, mais ajustados à sociedade.

Na verdade, se nunca pararmos para observar esse processo (ou parte dele), não teremos como modificar padrões preestabelecidos. Nesse sentido, o caro leitor pode pensar: "Ah, mas já faz tempo que não quero mais ser como todo mundo, não ligo para o que os outros dizem." ou "Isso é coisa de adolescente."

Realmente, em muitas áreas da vida já conseguimos tomar outros rumos; por outro lado, nos papéis familiares atuamos como nos ensinaram ou como nos disseram que era correto. Por exemplo, existem várias formas de "ser mãe", mas as mulheres vêm cada vez mais exigindo delas mesmas e por vezes até disputando um "papel de mãe" com todas as outras mulheres, embutindo nele características que muitas vezes não combinam com sua natureza em nome do bem-estar da família.

Para manter esse "papel", impõem uma ideia preestabelecida, como se a mãe tivesse sempre que ser escrava da casa, caridosa, devota ao lar, boa nas prendas domésticas, sem vontades próprias, ou seja, submissa, que não pensa nas suas necessidades; da mesma forma acontece com a função de pai. Vamos observar esse processo?

Frequentemente, antes de iniciarem um relacionamento afetivo, as pessoas se conhecem em programas noturnos ou em situações mais inusitadas, como num supermercado, na casa de amigos, numa viagem de excursão ou naquele dia de chuva ao oferecerem uma carona despretensiosa. Pouco a pouco, num processo de interesse e entrega gradual e muito particular em cada caso, essas duas pessoas se encontram e decidem ingressar num relacionamento comum, um namoro. Como já mencionamos no Capítulo 1, é nessa fase que se estabelecem os jogos de sedução, as juras e provas de amor, as ideias de acerto e de amor condicional.

Ao longo do tempo e dos anos, antes mesmo do casamento, o casal ingressa nos papéis da relação familiar, estabelecendo regras sociais padronizadas para o outro, como, por exemplo, após certo tempo de namoro, ter que se apresentar aos familiares, selar um compromisso, noivar, acertar tudo para casar e, assim, serem "felizes para sempre". No entanto, as imposições não param por aí, pois, após casarem, é socialmente "estranho" que depois de passado algum tempo ainda não queiram ter filhos, como se isso fosse uma regra. De tanto que tais papéis sociais estão embutidos na sociedade, é bem comum perguntar aos seus amigos, familiares e conhecidos:

— Quando terão o primeiro filho?
— E o segundo?
— E o terceiro?
— Você só teve meninos, não vai tentar uma menina?
— Você é tio?

E quando os filhos já estão crescidos, as perguntas são outras:

— Quando serão avós?

Não vejo esse cenário como algo ruim pela pergunta em si, mas pelas mensagens que, com o tempo, vamos adotando para nós como "certo". Sabendo um pouco mais sobre esse truque, podemos até observar com humor as pessoas exigindo de si mesmas e dos outros atitudes "mais adequadas", "mais comuns". No entanto, se deixarmos sermos levados pelas entranhas dos valores sociais, responsabilizando a sociedade por seus valores, seremos marionetes em suas mãos, esperando que alguém nos defenda.

De fato, o problema não é quem está perguntando e impondo, mas quem aceita essa cobrança. A sociedade pode querer nos cobrar valores ou posições, mas cada um de nós tem um compromisso com seu bem-estar e precisa decidir se os aceita ou não.

Você já percebeu que desde que nascemos representamos um "papel social" e valemos nem sempre pelo que sentimos, mas pelo papel representado? Por exemplo, quando nascemos, temos a representação do "papel de filho" (recém-nascido) e, seguindo nosso desenvolvimento, quando crescemos, representamos para a sociedade diversos outros "papéis": de bebê, de filho-criança, de pré-adolescente (ou "aborrescente"), de adolescente, de quase adulto, de adulto, etc. Isso tudo sem contar o status, se é homem ou mulher, se mora com os pais ou mora sozinho. Em todas essas fases, existe o que é permitido ou não, ou "socialmente correto", para o homem e para a mulher, seja criança, adolescente, adulto, ou da terceira idade. Os papéis da relação familiar são baseados no "socialmente correto", que é inflexível e padronizado independentemente do caso, até mesmo nas coisas mais corriqueiras. Vejamos:

Suponhamos que uma amiga sua esteja grávida e, querendo comprar uma lembrança para o bebê, você resolve ligar pra ela na semana do parto. Ela lhe diz que será uma menina. Qual será a cor do macacãozinho ou do vestidinho? Geralmente rosinha ou salmão. Pois é, sem que você perceba as mensagens sociais, o "socialmente correto" que já está embutido em nossas mentes na forma de crendice tradicionalista imediatamente o faz pensar em alguma coisa rosa ou vermelhinha, "porque azul é cor de homem e cor-de-rosa é de mulher", antes mesmo de pensar no melhor possível para aquela pessoa ou para aquela criança.

Perceba que, apesar de sermos importantes para nossos pais e nossa família, como no exemplo acima, eles também não percebem que nos tratam, e até tratam a si mesmos, como pessoas comuns ao dizerem:

— Meninos são assim mesmo.

— Homem é assim, mulher é assado.

Sempre somos vistos como "mais um" no mundo; entretanto, sabemos que os meninos e as meninas não são iguais. Consequentemente, a partir de uma visão padrão e rígida, aprendemos a não fazer coisas tão diferentes das que nossos pais faziam, ou a não ser um pouco mais originais, senão somos vistos como pessoas pretensiosas, que querem "aparecer". Por isso, trabalhamos durante toda a nossa vida para seguir um roteiro e dificilmente nos permitimos ser originais, pois achamos isso uma perdição, apesar de sentirmos um imenso vazio ao viver como "todo mundo" vive.

Neste exato ponto da nossa conversa, precisamos saber identificar essa sensação de vazio, em que a monotonia parece nos consumir. Isso acontece porque a natureza não conhece repetição: cada um é único, sendo que aquilo que norteia a vida de um para um caminho próspero não é necessariamente válido para o outro. É tão verdade o fato de que a natureza não se repete, que não existem duas impressões digitais iguais no mundo, assim como há seres, animais e plantas de infinitas variedades. Até mesmo entre irmãos gêmeos, de similaridade física em muitos aspectos, há diferentes gostos, emoções e comportamentos. Como, então, podemos pegar uma receita "igualzinha" à de todo mundo e tentar aplicar em nossa vida com garantia de felicidade?

Você deve estar se perguntando: "aonde ele quer chegar com essa conversa?" Quero que perceba se está ou não vivendo conforme os papéis da relação familiar (e quanto), ou se está vivendo centrado nos seus valores. Se estiver centrado em seus próprios valores, não está numa vida sem graça, monótona, nem desanimado consigo mesmo e com o parceiro, pois em seu centro sente que cada vez mais quer aprender e viver para se realizar em tudo o que conhece, até no que ainda vai descobrir, independentemente do seu parceiro. Contudo, se estiver centrado nos valores sociais, naquilo que está pregado "na cartilha" e "na boca do povo", a sensação de vazio, a depressão e o desânimo serão certos, mesmo que, em muitos casos, demorem para acontecer. Aos poucos, a pessoa experimentará uma vida frustrante e sofrida, já que não terá coragem de assumir sua individualidade e a singularidade da sua vida.

Os papéis acabam com a vida das pessoas, pois retiram a espontaneidade, a verdade e a autenticidade delas. Será que você conseguiu identificar os papéis que adotou em sua vida íntima? Se ainda não percebeu, vou dar uma sugestão para que você pense um pouco. Existem muitos papéis que adotamos em vários setores da nossa vida, mas, falando sobre relacionamento afetivo e conjugal, você sabe quais são os papéis mais adotados pelas pessoas que se casam?

São os papéis da relação familiar de base, ou seja, o papel de "marido" e o de "esposa", assim chamados por serem os constituintes da base da família; no entanto, as pessoas são diferentes dos papéis que começam a representar (por isso estão entre aspas). Na verdade, antes de assumirem tais papéis, são duas pessoas, um homem e uma mulher, que se conheceram, se apaixonaram, que gostam da companhia um do outro e, muitas vezes, até já convivem ou moram juntos por algum tempo. Assim, eles decidem se unir para formar um lar, uma família, já podem querer ter filhos, passando grande parte do tempo empenhados num objetivo familiar em comum. Nesse momento, toda atenção é pouca para não se deixar envolver pelos papéis da relação familiar de base. Vamos a eles? Enquanto mergulhamos nos exemplos abaixo, que retratam o perfil psicológico dos papéis de "marido" e "esposa", tente se lembrar como era a vida de casado dos seus pais, ou até mesmo a sua, para que possa ao menos fazer um paralelo com parte dos exemplos a seguir.

Ao entrar no papel de marido, o homem tem que se preocupar com o bem-estar da família, responsabilizar-se por toda e qualquer falta na casa, pois ele é "o cabeça", o guia. Por isso, ele deve orientar e conduzir o lar, esquecer suas vontades, devendo cuidar da vida da esposa, saber quais são seus gostos e desejos e viver toda sua vida para realizar os sonhos dela, incluindo a oferta de carinho, conforto e comparecimento sexual. Além disso, nesse papel, o "marido" deve saber de tudo isso antes mesmo que ela peça alguma coisa, senão ela se magoa com ele e o rejeita. Ao mesmo tempo, ele tem a obrigação de nunca magoá-la, pois ela é frágil e delicada como uma "princesinha", tornando-se, assim, responsável pelos sentimentos dela, de forma que a todo e qualquer ressentimento, a culpa é dele; mesmo se não for, é responsável por fazê-la feliz novamente, pois, dentre outras tarefas, esse é o papel do "marido".

Uma subfunção do homem que pode surgir a partir do papel de "marido" é a de pai; quando planejam o aumento da família, surgem os papéis de "pai" e "mãe" para o homem e para a mulher, respectivamente. Quando vêm os filhos, o homem recebe uma tarefa a mais, o papel de "pai", que deve prover todo o conforto para os filhos e para a esposa. Está sempre preocupado com as contas, com a saúde financeira do lar, e só sabe falar sobre mercado de trabalho e política.

Seu clima e disposição no dia dependem de como as coisas estão no trabalho, e como essas conversas giram em torno das obrigações de "pai". Por isso, conversa pouco com os filhos, pois está muito ocupado com suas atribuições de "pai"; está sempre sério e não gosta de brincadeiras fora de hora nem de bagunça; acha que, adotando essa postura, impõe respeito e ordem na casa, quando na verdade está se distanciando de si mesmo e das pessoas que ama. Porém, em sua arrogância, acha que sabe o que é bom para a harmonia do lar e para todos.

Na verdade, nesse seu papel de "pai", o homem se cansa, mas não pode admitir; fala que está cansado, mas acha que é cansaço vindo das suas atividades profissionais. Ele nem percebe que neste papel não tem direito a descanso, uma vez que precisa se colocar sempre disposto, senão assumirá seu fracasso diante da família e de si mesmo como provedor do lar e chefe de família (fracasso do papel de "pai", por ter de ser o mantenedor por orgulho e por dever).

Sua diversão é encontrar amigos que estejam na mesma situação para "reclamarem juntos" (sua descontração) dos sacrifícios de suas funções (trocar figurinhas), ou para conversarem sobre trabalho e negócios. Geralmente, quando está sozinho, diz que está cansado (sem saber o motivo, acredita?). Em seu outro momento de lazer, quer assistir na televisão ao jogo do seu time favorito (e se seu time perder, ele fica de mau humor).

Como "marido" e "pai", raramente aproveita um feriado com a família, tendo que se submeter às vontades da "esposa", viajar para onde ela quiser e, apesar de concordar, vai contrariado e fica reclamando do trajeto e dos custos da viagem, dos preços das mercadorias e produtos, já que, em seu "papel", ele tem que se preocupar em não gastar muito, em economizar.

O sonho dele é que a esposa tivesse menos vontades, gastasse menos e fosse mais econômica (quanta ilusão!), isso sem contar que, com o passar do tempo, seu interesse sexual pela sua mulher vai diminuindo ou é perdido, pois seu papel o cansa tanto que ele não tem tempo para pensar "nessas coisas". Com os amigos, ele fala que faz coisas incríveis com a mulher e que deseja outras mulheres sexualmente, mostrando-se um irresistível garanhão cheio de "fantasias de macho" (papel machista do "homem"), mesmo sem saber que a mulher se queixa ou já não está tão satisfeita com seu desempenho atual, com a sua falta de criatividade na cama, com a falta de intimidade emocional e sexual com ela.

Além disso, o marido é machista, age como se estivesse ensinando seus companheiros a serem "homens de verdade" e, nesse quesito, uma grande parte deles acha que será rebaixado como homem caso auxilie a esposa nos afazeres domésticos; alguns deles não se permitem ser educados e nem sabem se vestir sozinhos, alegando que "isso é coisa de maricas" (machismo barato: trata-se de um conjunto absurdo de falsas ideias que foi pregado, de que homem que entende de beleza, boa educação e moda, e se ocupa com seus cuidados pessoais não é homem, é afeminado).

Vejamos também os papéis da mulher:

No papel de "esposa", a mulher deve se dedicar inteiramente aos cuidados com a casa, com a relação a dois, pois ela deve manter a "chama do amor" acesa. Da mesma maneira que ela espera que o "marido" a trate bem, ela também deverá dar essa atenção, senão não conseguirá dele todo o carinho e atenção de que necessita. Afinal de contas, é ela quem fica em casa trabalhando o dia todo, fazendo comida, arrumando a casa, lavando e passando as roupas, mantendo a ordem do lar, pois, quando o marido chegar do trabalho, ele deverá fazer companhia para ela, levá-la para passear, conversar sobre como foi o seu dia. Por isso, durante o dia, ela tem a obrigação de cuidar da sua aparência para estar atraente e sensual quando ele chegar. Portanto, a "maratona" com cabelo e manicure, entre outras coisas, deve ser constante para garantir sua beleza e formosura.

A "esposa" também deve estar sempre pronta para atender às necessidades e caprichos do "marido", pois ele, além de não saber cozinhar, lavar e passar desde que se casou, não sabe nem fazer seu prato de comida. Então, a "esposa" é quem deve saber o que seu "marido" quer comer, tudo o que é bom para ele, entre outras coisas; ou seja, ela é quem escolhe as roupas dele, já que o "marido" não sabe como se vestir, pois homem não liga para a própria beleza. Sempre a "esposa" deve estar disposta a levantar o "astral" do marido, pois se ele está enfrentando um árduo trabalho para sustentá-la e sustentar a casa, ela também deve retribuir, assumindo os sentimentos dele. Por outro lado, ela deve saber o momento certo de falar com ele, para que ele não fique zangado com ela.

É dever da "esposa" orientar o "marido" e as responsabilidades da casa. E, como se não bastassem tantas atribuições, a "esposa" ainda se coloca no papel daquela que entende de relacionamento afetivo, que discute as relações (que é de interesse típico da mulher, a maioria presente em palestras e cursos sobre relacionamento afetivo, amor e paixão), que sabe dos segredos do coração e conhece o amor de verdade.

Com tanta sabedoria e sensibilidade, ela deverá ser capaz de desempenhar uma função paralela tão logo venham os filhos. É o chamado papel de "mãe". Como "mãe" (é uma função, um dever, não uma pessoa), a mulher é mais respeitada na sociedade, no meio social, pois tem a responsabilidade de criar, orientar e educar seus filhos.

Desde que nascem as crianças, a mulher deve dedicar-se aos cuidados da vida materna para conferir aos filhos uma boa educação. Nos primeiros anos, os filhos são diretamente dependentes desses cuidados; mas, com o tempo, a "mãe" se acostuma com suas obrigações e quase nunca para de exercer essa função. A mãe, então, carrega consigo a vida dos seus filhos e suas responsabilidades, seus sonhos e sentimentos, não importando se eles têm 10 ou 70 anos de idade.

Para a "mãe", é considerado um fracasso o fato de ela não conseguir fazer os filhos se sentirem felizes, realizados (como se isso dependesse exclusivamente dela). Sem contar que, se os filhos não se sentirem felizes ou realizados, a "mãe", consequentemente, não poderá ser feliz, porque eles "não deram certo na vida". Por isso, é comum encontrar mães preocupadas com seus filhos de mais de 50 anos de idade, querendo saber se estão agasalhados, se estão devidamente alimentados, se estão felizes e realizados na vida.

Por "amor aos filhos" (um jargão comum entre as "mães"), elas se preocupam com tudo, pois, se os filhos não forem vencedores, todo seu esforço foi em vão, e isso significa que elas falharam em sua função de "mãe". O que não percebem é que, para manter seu dever de mãe, acabam se esquecendo de si mesmas por completo. Sua vida afetiva e até mesmo sua vida particular ficam abandonadas, uma vez que ela desiste de suas próprias realizações pessoais. Essas atitudes as levam a frustrações e decepções ao longo de suas vidas, fazendo-as pensar que o relacionamento não anda bem, sem enxergarem o papel que adotaram.

Seja qual for o papel adotado pelo homem ou pela mulher, ele despersonaliza o indivíduo. Tanto é verdade que, depois que se casam, a grande maioria dos homens e mulheres, devido a essa despersonalização, deforma seu corpo, relaxa e deixa de lado seus gostos com o pretexto de ter que assumir as "responsabilidades da vida".

Isso não significa que o casamento ou o fato de ser mãe ou pai seja ruim; no entanto, o que tira a liberdade da vida das pessoas e as aprisiona é adotar papéis por obrigação, por dever. Quando isso acontece, o próprio corpo se modifica na tentativa de alertar a pessoa quanto à despersonalização que está ocorrendo, que ela mesma está se deixando de lado, fazendo consigo algo que não está em sua verdade; em outras palavras, está forçando um personagem, um modelo de "marido/pai" ou de "esposa/mãe" conforme os papéis sociais exigem, e não que condiz com a sua natureza interior.

É muito fácil perceber que, vestidas nos personagens que descrevemos acima, as pessoas os adotam, fazendo de tudo para não falharem em suas atribuições. De outra maneira, poderiam ser marido ou esposa a seu próprio modo, sem modelos fixos, aprendendo juntos e a cada dia a serem pai e mãe sem obrigação de dar certo, fazer bonito, apenas tendo a humildade de ser o melhor que puderem naquele momento (só com aquilo que podem ou têm), sem culpa ou pretensão de ser mais, sem aquela lista de tarefas morais do que é, ou deve ser, uma família exemplar.

Cobranças e expectativas

Em uma outra fase do relacionamento, o casal já está adaptado aos seus respectivos papéis, desempenhando suas funções com competência igual ou superior àquela que adotam em suas profissões, achando-se excelentes educadores. "Maridos" e "pais" exemplares, "esposas" e "mães" de carteira assinada com diploma de forno, cozinha e tanque. A partir daí, começam a surgir cobranças e expectativas, na medida em que percebem que algo parece estranho no relacionamento, e, aos poucos, um deles ou ambos começam a sentir os efeitos da despersonalização que fizeram e os sintomas em forma de monotonia, estresse, irritabilidade e desânimo.

As cobranças geralmente são muitas, pois cada um dos parceiros acusa o outro pela sua insatisfação, muito embora não perceba que ela não provém da união estável, do matrimônio, da convivência ou da vontade de serem pais, mas sim da formação de um personagem de pai. Por exemplo:

Quando João conheceu Sarah, era alegre, sempre bem-humorado e com um otimismo marcante em seu temperamento. Após cinco anos de casado, deixou de ser risonho e brincalhão, porque um "homem de bem" precisa se preocupar, prever e antecipar tudo o que pode acontecer em cada situação, além de conversar com os filhos de maneira muito amigável, senão eles não aprenderão a ter responsabilidade na vida. Instalaram-se, então, dois personagens: um "marido" ansioso, tenso, e um "pai" sério, turrão e que cobra resultados para que os filhos aprendam a ter respeito e maturidade.

Nesse exemplo, você percebe como o homem deixou de lado seu verdadeiro temperamento bem-humorado, de fácil acesso e alegre, para montar um personagem de acordo com o que a sociedade acha que é "certo"!

O mesmo acontece com a mulher: Sarah, quando solteira, gostava de ir às festas, dançar, assistir ao show sertanejo; mas, quando casou, adotou o papel de uma mãe devota ao lar, já que, afinal de contas, tinha passado da "idade de sair". Deve dar exemplo aos filhos de como viver um "verdadeiro amor", deixando de vivenciar o que gosta, o que a faz feliz, em nome do amor aos filhos e ao marido. Contudo, depois que os filhos se casam, ela entra em depressão, pois não tem mais de quem cuidar, mas ainda continua no papel até o fim de sua vida, mesmo se sentindo amargurada, porque uma mãe nunca deixa de ser mãe!

Quem de nós já não quis fazer o "certinho", como manda o figurino? As pessoas ouvem uma ideia que parece ser boa e se escravizam com regras (prisões psicológicas) que elas próprias criaram. É como essas frases que estão na boca do povo e ouvimos por aí, do tipo:

— Bom pai faz isso!
— Mãe é mãe!
— Nunca uma mãe pode admitir isso!
— Ser mãe é sofrer pelos filhos.
— O bom homem se doa pela família.
— Um bom pai é assim, uma boa mãe é assado.

Moldando-se em personagens conforme os padrões da sociedade, o melhor que se consegue é ter uma vida igual à de todo mundo. E, retomando nossa conversa desde o início deste livro, as pessoas mostram altos índices de insatisfação afetiva, mas apresentam grande capacidade de adaptação às suas frustrações, cada qual em sua vida, esperando que, um dia, de alguma forma a situação mude, porém não querem assumir o compromisso que firmaram com suas crenças, fantasias, "papéis sociais" e ilusões.

Em contrapartida, a expectativa de que alguma coisa preencha a sensação de vazio das pessoas que abandonam a elas mesmas faz com que elas cobrem umas das outras diferentes posturas diante do relacionamento para tentar solucionar sua desmotivação afetiva, como se fosse possível culpar um pela insatisfação do outro.

Nesse cenário, a transferência da culpa e os jogos de cobrança são muito comuns entre as pessoas que estão no relacionamento afetivo; apesar disso, o alívio não acontece sem que a pessoa consiga enxergar de perto o personagem no qual se colocou e as consequências desastrosas de ter investido somente na obrigação desprovida de prazer e sentimento.

Gostaria que o leitor percebesse que, mesmo não sendo casado, existem inúmeros papéis familiares além desses, por exemplo: "os irmãos conselheiros", "os tios sabichões", "os avós sentimentais", "os primos espertos", "os amigos bonzinhos", entre outros que não vêm ao caso neste momento. O principal é que veja o que ainda não conseguiu ou não quis admitir.

Portanto, você tem coragem de enfrentar seus "papéis sociais", ou pelo menos de admitir que os criou? Observá-los já seria um grande avanço.

O plano fracassado do egoísta: se você me ama, mude, e rápido!

Um dos maiores inimigos do sucesso na afetividade da relação é a persistência da "cegueira" que existe diante dos papéis que cada um assume.

Se você ainda não notou, pare e pense novamente. É fundamental perguntar-se:

"Onde eu me coloquei no meu relacionamento? Que papel eu resolvi desempenhar?"

Certamente, você vai achar que não criou nenhum personagem, que você é genuinamente a expressão de si mesmo. Pois, então, isso é exatamente o que acontece quando as pessoas adotam papéis e personagens: são formados por padrões tão rígidos que nublam suas vistas e forçam-se a aceitar que estão fazendo aquilo que sentem e agindo de acordo com aquilo que acreditam ser.

Antes da união do casal, cada um dos cônjuges acha que conseguirá mudar o outro, fazer com que ele ou ela seja mais paciente, mais comunicativo, menos sedutor, mais econômico, mais atencioso, menos distraído, mais quieto; são os "planos" de cada um em relação ao outro, dependendo da respectiva necessidade pessoal.

Esses planos são ilusórios, por mais que as pessoas envolvidas digam que é para o bem do outro; esperam que o homem ou a mulher mude para seu próprio benefício, pois não querem entrar em acordo, mas sim resolver o seu lado, de acordo com seu exclusivo interesse. A isso chamamos de arrogância. É aquela pessoa que quer tudo sempre a sua maneira, que quer convencer, dizendo: "Assim será melhor para todos", mas na verdade será melhor para ela própria, pois terá que fazer menos esforço.

Será que você tem a humildade de admitir que sempre que faz isso está sendo arrogante ao querer as coisas do seu jeito, ou fazer os outros mudarem para ficar melhor para você? Já está na hora de perceber que seu plano fracassou... Ninguém muda ninguém, a não ser o próprio indivíduo quando percebe que é de seu interesse...

Na continuidade do processo de amargura na relação afetiva, os cônjuges gradativamente notam que seus planos de modificar um ao outro fracassaram. Então, o que fazer? A primeira e mais comum tentativa é suportar e dizer que vida de casal é assim mesmo. Esse é o período em que o casal sofre mutuamente, fingindo que está tudo bem, que é mais uma fase e que tudo se ajeita com o tempo.

Existe outro problema chamado síndrome de acomodação. Grande parte das frases acima é dita por pessoas que estão sofrendo um relacionamento conturbado, mas que se ausentam da responsabilidade e do comprometimento com seu próprio bem-estar. Não quer dizer que quando o casal está acomodado não existe compromisso entre ambos, mas que cada um deixa de assumir o compromisso com sua verdade, não joga aberto, não expõe seu desconforto na relação, achando que, se conversar, provocará discussões acirradas que acabarão por terminar o relacionamento amoroso.

Por vezes, é bom saber que o diálogo nem sempre implica conversar sobre o que funciona bem, ou apenas quando tudo está bem na vida afetiva, mas também é por meio dele que existem as mais reais possibilidades de mudança de postura, de solução de questões simples, porém desconfortáveis. Entretanto, o medo de encarar o desconforto faz com que a acomodação tome conta do relacionamento a ponto de cada um se distanciar do outro, até que não mais se reconheçam em seus próprios lares. Diga-se de passagem, essa é uma postura que gera um imenso mal-estar. Se você parar para pensar, desconforto por desconforto, que pelo menos possamos ser verdadeiros ao nos expormos, a fim de solucionar as pendências da vida a dois. De outro modo, seremos vítimas impotentes do relacionamento conjugal e afetivo, culpando o parceiro ou parceira pela nossa insatisfação.

Sempre que menciono a síndrome de acomodação, lembro-me de uma paciente antiga que me falava coisas horríveis sobre o marido. Sentia-se humilhada falando que ele não se importava com seus sentimentos e se achava sempre certo. Algum tempo mais tarde, esse marido precisou fazer uma viagem para trabalhar em um estado distante durante dois anos e, por isso, minha paciente podia vê-lo apenas a cada dois ou três meses.

Naturalmente, para mim que escutava sua história, achei que fosse um alívio para ela, uma vez que o "grande vilão" se ausentara temporariamente, porém, durante esse tempo, a paciente dizia estar sofrendo com sua ausência, diminuindo cada vez mais o drama que havia me relatado anteriormente, e agora falava do marido saudosamente, com admiração e respeito.

Foi quando perguntei a ela: "Você está falando de outra pessoa ou daquele mesmo marido?" Ela me respondeu que, enquanto me relatava em sessões anteriores sua insatisfação com o marido, exagerava, que não era tanto assim. Inclusive, admitiu com todas as letras que estava revoltada por nunca ter tido a coragem de falar com o marido sobre nada daquilo que tinha me dito, nunca expôs a verdade do seu sentimento, como se ele tivesse que descobrir tudo o que se passava com ela em relação aos seus sentimentos e emoções, como se ele fosse obrigado a ter uma "bola de cristal" para adivinhar seus desejos mais profundos.

Assim, como terapeuta, esse foi um trabalho marcante para mim, pois aprendi que não se deve acreditar em tudo que o paciente relata, pois ele conta a história com a sua visão particular sobre o que está observando, com seu abalo emocional, com foco em suas ilusões e expectativas. No exemplo acima, qualquer pessoa que escutasse a conversa daria a ela toda a razão, achando que o marido era quem tinha que mudar, e não que ela estava com uma visão acomodada, não assumindo sua verdade ao marido a respeito dos assuntos que a incomodavam.

Outra postura muito comum diante do fracasso de ter tentado modificar o outro é a insistência no plano fracassado, porém, agora com mais chantagens, apelando para as formas e medidas do "amor", o qual rapidamente se esfacela e, em pouco tempo, gera mais desentendimentos e desgasta gradativamente a relação. Trata-se daquele tipo de tratamento condicional, mesquinho, em que o parceiro ou parceira colocam em questão os sentimentos do outro em frases como:

— Como você é egoísta, só pensa em você mesmo.

— Se você me amasse, faria isso ou aquilo por mim.

— Se me amasse, me daria um pouco de entendimento, consideração, reconhecimento, etc.

Quando observarmos bem os tipos de fala mencionados acima, percebemos que denotam um tom de questionamento que coloca em dúvida o sentimento do outro, como se o parceiro ou parceira fosse responsável pela sua alegria, tristeza, satisfação ou frustração. É preciso ser muito sincero para admitir que, nesse caso, haja reincidência do amor condicional, onde uma pessoa cobra algo que não tem, mas gostaria de ter, além de acusar e culpar o cônjuge por não ter aquilo que quer. Então, aí vão mais algumas perguntas:

Quem será o verdadeiro egoísta? Aquele que não faz o que o outro quer, ou aquele que cobra para que façam tudo a seu gosto, culpando e ameaçando, em que a frase encoberta nas entrelinhas verdadeiramente quer dizer:

— Como você só pensa em você e não em mim?

Aprendi na minha educação e com as pessoas com quem convivi que o egoísta era aquele que não fazia nada para as pessoas, não ajudava ninguém e não dava a mínima para o que as pessoas estivessem pensando. Até pode ser, mas isso não é tudo, pois se você encontrar uma pessoa assim, terá a chance de escolher se relacionar ou não com ela.

O fato é que, ao longo dos tempos, como observador do comportamento humano, percebi também que aqueles que ajudavam a todos estavam sempre esperando o retorno de suas benfeitorias, nem sempre de forma material, mas talvez com um gesto de carinho, de compreensão, e quase sempre reclamavam raivosos por nunca tê-los recebido. Aí, então, comecei a entender que existia um outro tipo de egoísmo: quando essa pessoa não tem o que quer, geralmente culpa as pessoas ao redor, ou o clima, as circunstâncias, o parceiro afetivo e, rapidamente, passa de "bonzinho" para cobrador de consideração sem medir as consequências de suas atitudes que, na vida afetiva, abalam a vontade da pessoa amada de continuar qualquer tipo de gesto altruísta a seu favor ou do relacionamento a dois.

Todo esse processo descrito é o que chamo de plano fracassado do egoísta, que resumo na reclamação impositiva: "Se você me ama, mude rápido". E é um plano fracassado porque eu nunca soube de ninguém que tivesse mudado, pelo menos por vontade natural, verdadeiramente depois de ter sido cobrado dessa forma, e é egoísta porque, nesse caso, o verdadeiro egoísta chama os outros de egoísta.

A disputa pelo poder: quem é que manda aqui?

Depois de algum tempo em que o casal vive a serviço do amor condicional, várias são as tentativas de chamar atenção para algo que não vai bem a cada um dos cônjuges, seja por falta de coragem ou por comodismo em se manter sempre o mesmo papel ("esposa" e "mãe", no caso da mulher, ou "marido" e "pai", no caso do homem). O casal não evolui na expressão do seu verdadeiro sentimento, mesmo conversando sobre suas intenções na vida, e assim inicia-se o período em que cada um quer mostrar ao outro quem é que manda na relação. Se perguntássemos isso ao homem ou à mulher, evidentemente ambos diriam que não querem ser os "donos da verdade", mas, em suas atitudes no dia a dia, é muito claro o jogo de disputa pelo "poder" (coloco entre aspas por se tratar de um poder ilusório).

Para facilitar nossa observação a respeito dos jogos de força pelo "poder", vamos começar trocando a própria frase "disputa pelo poder" por outra do tipo "quem está com a razão", ou até mesmo por outras com o mesmo teor, como:

— Ah, mas isso não está certo!
— Eu falei, não falei?
— Eu já disse, agora se vira...
— Eu sabia que isso não ia dar em nada!
— Como você deixa seu filho fazer isso?
— Já estou cansado de dizer e você não me ouve...

Acho que, por meio dessas frases, você deve ter notado como queremos dominar o parceiro ou parceira quando temos a sensação de que estamos com toda a razão, não é? Outras delas ainda expressam uma imposição dominadora com ar de supremacia, magnanimidade e, por vezes, de ameaça:

— Se você sair por aquela porta...
— É melhor você parar, senão...
— Ou aceita assim, ou está tudo acabado!
— Prefiro me machucar a voltar atrás, pelo menos mantenho a minha palavra.

Ainda assim, existem pessoas que, mesmo sendo quietas, sem levantar o tom da voz, continuam no domínio e mantêm o controle do "poder", seja pelo olhar, pela expressão facial com desdém ou pela maneira estratégica de realizar suas tarefas diárias, mesmo inconscientemente.

Vejamos um exemplo clássico: o marido está zangado com sua esposa e quer puni-la, mostrando que pode fazê-la se sentir desconfortável. Como sabe que ela não gosta de ficar sozinha, naquele dia ele atrasa o máximo que pode em seu trabalho sem motivo real para isso, apenas para demonstrar que ela fica vulnerável sem sua presença, para que sinta sua falta.

Da mesma forma que a esposa sentiu, precisa reagir de alguma maneira para "não ficar por baixo", e então, mesmo sem pensar no assunto anterior, ela, "quase sem querer" (ou seja, propositalmente, mais ou menos consciente), esquece de passar aquele terno que ele tanto precisa para a reunião naquela semana. Mas o pior de tudo é que ela jura por tudo que é de mais sagrado que não fez de propósito, que foi inconsciente, e o marido, em sua argumentação, também diz que naquele outro dia não atrasou por querer. Dá para acreditar?

No simples exemplo acima, temos o resultado escancarado do que é a disputa pelo poder, seja ela mais ou menos discreta, *consciente* ou *inconsciente*. Ela acontece de modo gradativo, tornando-se progressivamente agravante, até que, com o passar do tempo, alguém se submeta e fique acomodado por mais um tempo (longo ou curto) ou resolva terminar o relacionamento afetivo, uma vez que não suporta mais tanta amargura dia após dia.

Quando falamos em disputa pelo poder, devemos nos lembrar de todas as vezes que queremos estar certos, com *a razão* em qualquer situação. De forma geral, será que "estar certo" é tudo o que é necessário em um relacionamento?

O simples fato de estar, ou achar-se, certo a respeito de qualquer coisa, ou de alguém apoiar certa conduta ou pensamento não garante que tudo deve acontecer da forma como aquela pessoa considera correto; além disso, não significa que o outro também não tenha sua própria razão ao pensar de forma diferente. É como se ser ou não ser o "dono da verdade" fosse resolver a questão central, a falta de diálogo, as mágoas, os conteúdos mal-digeridos e os desconfortos da relação afetiva e conjugal.

Uma vez ouvi uma sábia interpretação a respeito disso em uma frase em inglês, cujo autor desconheço: *"There are three sides of the truth: mine, yours and the truthful..."* [Existem três lados da verdade: o meu, o seu e o verdadeiro...].

Isso significa que a verdade depende de quem está contando, pois cada um tem a sua, e pode também variar a cada fase que vivemos, como pudemos perceber no exemplo da paciente saudosa pelo "marido insuportável" que viajou. É claro que, se eu falo com o marido, ele tenta me convencer do seu lado da verdade; a esposa fará o mesmo para se defender; mas ainda assim pode existir aquele lado que não foi citado: o verdadeiro. Assim, todos podem ter sua razão, cada qual com suas conveniências, mas talvez eles não cheguem a um consenso se cada um quiser levar a cabo apenas o seu próprio lado, simplesmente porque conversa não é discussão.

Na discussão, sempre se procura pela verdade para achar culpados, punir, castigar, nem que seja para dizer "você está errado!", num clima de briga, de puro orgulho. Os orgulhosos nunca admitem estar errados; só arrumam confusões nas quais, no fim das contas, querem se mostrar os "donos da verdade", que estão sempre certos, mas nunca felizes.

Comece a notar isso, como eu o fiz ao ouvir certa vez minha amiga e professora Lousanne dizer:

— Quem quer sempre estar com a razão consegue no máximo a razão, e dorme sozinho.

Nas situações em que pude aplicar essa frase, sempre consenti e até hoje assino embaixo.

Quando existe conversa, diferente da discussão, ninguém quer encontrar os culpados, julgar ou punir, mas, sim, resolver algo que não caminha bem, e toda opinião e sugestão é bem-vinda. Independentemente do que seja considerado "certo" e "errado", o importante é que tudo se encaminhe bem, importando-se sempre com o bem-estar comum, e não com o orgulho da vitória ou a decepção da derrota. Mais adiante, falaremos mais sobre as diferenças entre a conversa e a discussão.

Para finalizar essa parte da nossa reflexão diante dos conceitos que acabamos de elucidar, quero perguntar:

— O quanto você tem disputado pelo poder? Onde você mais disputa? Em casa, no trabalho, com os amigos?

— Frente a um desentendimento, você conversa ou discute?

— Qual sua sensação quando acha que estava "certo"? E quando estava "errado"?

— Quer continuar conduzindo seu relacionamento afetivo dessa forma? Por mais quanto tempo?

— Mesmo em uma discussão, será que há vitoriosos?

— Quando você conversa e há um entendimento mútuo, como se sente?

— Então, o que é melhor: conversar ou discutir?

É fundamental continuarmos com esse sistema de perguntas e respostas para que, ao final deste livro, você possa reler todas elas e perceber coisas que normalmente não notaria de forma tão lúcida. Você vai notar que, apesar de achar que tudo está como está e pronto, você é o autor dos acontecimentos da sua vida, podendo decidir se continua como está ou se modifica sua maneira de enxergar e lidar com as coisas. Vamos, a escolha é sua!

3. Maturidade e imaturidade afetiva

De forma geral, os conceitos que temos sobre maturidade e imaturidade pela "mente coletiva" dizem respeito a quanto tempo cada pessoa viveu, sendo atribuída, assim, maior maturidade às pessoas que têm mais idade; consequentemente, quem é mais novo é imaturo, ou menos maduro. Cronologicamente, isso corresponde ao fato de se ter vivido mais tempo numericamente, em segundos, minutos, dias, semanas, meses e anos.

No que diz respeito ao espaço-tempo "cronobiológico", não há dúvidas de que quem viveu mais tempo é mais velho, mas será que quem é mais velho sempre tem mais sucesso na vida afetiva? Ou até mesmo na vida profissional? Até que ponto ter mais experiência em anos vividos é garantia de maior sucesso em determinada área da vida?

Se isso fosse verdade, só existiriam terapeutas com mais de 60 ou 70 anos de idade, pois apenas eles teriam a experiência de vida e os ensinamentos suficientes para entender a consciência humana. Além disso, utilizando essa mesma lógica, também só poderiam tratar de pessoas mais novas, que fossem menos experientes, uma vez que viveram menos.

Precisamos compreender que as necessidades individuais diferem uma das outras, por isso as experiências que cada indivíduo aprende e absorve mediante cada situação da vida são distintas, e não mais ou menos marcantes. Assim, não podemos mensurar o conhecimento, a maturidade ou a experiência como um só fator.

Vamos considerar o relato de três mães de mesma idade, com dois casais de filhos também de mesma idade. Por mais que estejam em uma situação semelhante, tendo filhos da mesma faixa etária, cada uma delas tem uma experiência única de mãe: uma é mais devota, mais carinhosa e apegada; a segunda é menos apegada, mais educadora e pedagogicamente mais estratégica; e a terceira é tão neurótica que vive para cumprir as tarefas e nem desfruta da companhia da família, apesar de estar sempre junto deles.

Ao perguntarmos para cada uma delas como é ser mãe com aquela idade e com aquelas características, tendo quatro filhos, as respostas são as mais variadas possíveis, pois tudo depende de outros fatores que estão relacionados não somente à idade de cada mãe ou de cada filho, mas também à personalidade delas: a forma como encaram a maternidade, as formas de educação que conhecem e utilizam, as suas experiências passadas como filhas e o modo como enxergavam suas mães, sem contar seus gostos pessoais, sua maneira de aproveitar os prazeres da vida, seus medos, suas vaidades, etc.

Então, como poderíamos definir maturidade e imaturidade?

Como já mencionado no capítulo inicial, o indivíduo maduro é aquele que não depende dos outros para suprir suas necessidades, que se responsabiliza pelo que faz e arca com as consequências. Se pensarmos na questão financeira, fica fácil entender como se porta o indivíduo maduro ou imaturo. Por exemplo: enquanto somos crianças e ainda não temos nosso próprio rendimento mensal, dependemos das finanças do tutor ou responsável (pai, mãe ou outro adulto); portanto, nessa ocasião, somos economicamente dependentes e imaturos.

É evidente que, em razão dessa dependência, surgem outras e, consequentemente, ficamos dependentes das finanças da casa, das regras gerais e das normas da casa para o convívio no lar, como participar das tarefas e afazeres domésticos, horários para entradas e saídas, entre outras mais. Viveremos em tal posição até que tenhamos condições de ter nossa própria casa, pagar as nossas contas e viver conforme nossas próprias possibilidades. Na condição de criança, o indivíduo ainda não se sustenta sozinho por capacidades tanto intelectuais e culturais quanto (e principalmente) socioeconômicas; logo, é considerado imaturo para tal.

Com o passar do tempo, o indivíduo adquire certas habilidades culturais, profissionais, e cada vez mais tem a capacidade de independência, haja vista que, logo depois, muitos jovens começam arrumando um emprego e conquistando cada vez mais a independência financeira, tornando-se aos poucos capazes de arcar com suas despesas.

Normalmente, após certo tempo, não querem continuar morando na casa dos pais, sentem a necessidade de terem seu próprio espaço, sozinhos ou com seu respectivo parceiro, ou namorado. A partir daí, notam que não necessitam mais do apoio socioeconômico e moral dos responsáveis para tomar suas decisões, pois sabem que podem arcar com as consequências de seus atos em grande parte dos setores da sua vida. O indivíduo que conquista esse tipo de independência é socialmente considerado maduro ao menos nesse caso em particular, pois agora consegue manter-se sozinho, independentemente de qualquer ajuda.

Como seria então a correlação entre maturidade e imaturidade na parte afetiva? Se considerarmos que o indivíduo maduro se envolve com suas conquistas, motiva-se para aquilo que deseja independentemente da aprovação de outras pessoas, como será sua relação afetiva com seu cônjuge?

Sabemos que grande parte das relações afetivas acontece com alto índice de imaturidade, tanto que o sofrimento é muito frequente nas questões que envolvem o lado amoroso na vida de grande parte dos seres humanos. Por isso, faremos, juntos, uma análise da vida afetiva do indivíduo imaturo, pois, antes de apreciarmos os louros de um relacionamento afetivamente maduro, é de grande valia identificarmos alguns entraves que as pessoas encontram em suas relações para que, então, possamos avaliar com mais calma as desvantagens e o "preço que se paga" nesse tipo de relacionamento, por exemplo.

Depois dessa tarefa, poderemos trilhar o caminho contrário, em que a maturidade afetiva proporciona às duas pessoas adultas um convívio sadio e afetivamente autossustentável, na medida em que ambos desenvolvem potencialmente sua autoestima, respeitam suas diferenças, vivendo longe do mundo das ilusões e das neuroses, numa vida amorosa sadia sempre que possível.

Espero tudo de você

No Capítulo 2 — Desafios da vida conjugal —, citamos o relacionamento baseado na *esperança*, contudo abordamos apenas uma parte do assunto para que, primeiramente, o leitor entendesse o início do "sofrimento a dois", embora isso também possa ocorrer em relacionamentos sociais, interpessoais ou profissionais. Nesse subitem do Capítulo 3, abordaremos esse assunto como parte integrante dos *relacionamentos afetivos* imaturos.

É muito comum que as pessoas esperem tudo do parceiro afetivo em uma relação. O grande problema disso é que a espera em si é algo que sempre vem de fora e quase nunca depende da própria pessoa, e essa é uma postura afetivamente imatura (sempre dependente do outro). Quando não se consegue enxergar com essa clareza, quem tem expectativas geralmente fica irritado com a pessoa que deveria lhe dar atenção, apoio, aprovação, carinho, ou até mesmo uma palavra amiga, mas não faz isso.

Quem espera tudo depende diretamente das possibilidades de outra pessoa, e se o outro não lhe der, ela ficará sem e continuará na espera. Por esse motivo, a espera compõe uma das maiores problemáticas, sempre muito frequentes, em vários tipos de relacionamento entre seres humanos, principalmente os amorosos.

Sempre ouvimos dizer que não existem regras no amor, mas é exatamente por isso que algumas pessoas classificam vários tipos de sensações e sentimentos da forma que acham melhor, embora sofram sem saber o motivo. Um bom exemplo é o que acontece quando chamam desespero e preocupação de amor, e ainda dizem que sempre que se preocupam é porque amam, ou pegam emprestado o clássico verso encontrado em na grande maioria das músicas românticas: a dor corresponde ao amor. São correspondências que foram aprendidas e reforçadas por toda a vida. Apesar de trazerem peso, dor e sofrimento, ainda existem pessoas que acreditam ser esse o verdadeiro sentido do amor, e assim continuarão na espera, sofrendo e sentindo muita dor, pois de outra forma não estarão amando.

Ao classificarmos algo como bom ou ruim, rotulamos automaticamente com nomes e significados, como no exemplo acima, e muitas vezes passamos a vida toda esperando que algo aconteça, que algo mude, que alguém nos avise, que o cônjuge tome alguma providência, que em algum lugar esteja escrito (como por exemplo neste livro; aqui estou, escrevendo, fazendo minha parte para que o leitor perceba e não espere a vida toda...), e mesmo assim não percebemos nossa postura vitimista diante da espera. E para aguentar o baque, preenchemo-nos com mais um pouco de ilusão.

Será que conseguiremos desmistificar o que existe por trás do significado da palavra "espera"? Espera vem de esperança, e a esperança sempre foi utilizada em nossa linguagem como algo lindo, positivo, digno daqueles que não se cansam e nunca esmorecem até que consigam algo quase impossível.

Quem de nós nunca ouviu a frase "A esperança é a última que morre"? É uma frase geralmente dita para conformar e consolar alguém que já não tem mais nada a fazer, a não ser esperar. Nesse jogo de espera, a mente coletiva diz que quem mais espera terá maior mérito, maiores conquistas, será mais ouvido; se no final de tudo ainda não tiver o que deseja, de alguma maneira será compensado pelo que esperou, ou seja, a espera é alimentada com mais espera. Geralmente, esse é um dos grandes motivos que fazem as pessoas saírem machucadas dos relacionamentos, e só tomarem alguma providência quando se desgastam a ponto de perder sua juventude, ou quase toda a sua vida, pois o ditado é que a esperança é a última que morre, e os amigos ainda endossam:

— Tenha fé e tudo vai melhorar!

E os mais brincalhões ainda inventam piadas com esse conceito:

— E que nossa sogra nunca se chame Esperança!

Obviamente, existem meios de melhora que só são possíveis quando saímos da passividade, da postura de vítima e da convicção de que não há saída, de que o jeito é aguentar a situação. Quero dizer que qualquer mudança somente se torna possível quando tomamos posse de nossa vida amorosa ou de qualquer outro setor, ao querermos ser responsáveis e maduros emocionalmente.

Mais adiante voltaremos a falar sobre autorresponsabilidade e maturidade afetiva; por hora, vamos dar sequência à postura da imaturidade da espera.

Imagine a espera como se fosse uma fila. Você gosta de filas? Gostaria de um dia pegar uma senha sem ter certeza de que será atendido? Como se sentiria? Agora pense você pegar a senha e perceber que não será atendido. Se estivesse de fato em uma fila, como reagiria? Ficaria bravo com as pessoas que estão na sua frente, com o atendente, dizendo que não voltará mais ao estabelecimento, ou assumiria que pegou a fila porque quis? Além disso, poderia fazê-lo num dia mais calmo em que tivesse mais tempo, não é mesmo? Como você lida com sua frustração? Vai embora reclamando ou assumindo que fez o que lhe parecia melhor naquela situação?

E no relacionamento, quando assumimos a postura de esperar que o outro nos leve, que nos peça algo, que nos dê abrigo, aconchego, carinho ou qualquer coisa, e percebemos que não tivemos nada disso, de que forma agimos? Assumimos como adultos que nós é que estávamos esperando, ou cobramos e exigimos do outro que nos dê aquilo que não estamos dando a nós mesmos?

É bem verdade que se estamos esperando é porque não nos damos a devida atenção, ou seja, não me dou abrigo, aconchego, carinho ou coisas materiais, pois de alguma forma acho que sou menos, ou que não mereço, ou que seria egoísmo pensar e agir dessa maneira, suprindo minhas necessidades. Pense bem, com atitude interior de quem não merece: será que outras pessoas terão vontade de fazer por mim o que nem eu mesmo faço?

Quantos casais encontro diariamente, ou pelo menos semanalmente, que se separam por esperar atitudes, gestos e, certas vezes, coisas que o parceiro nem imaginava? Outras vezes, quando conseguem expressar o que querem à pessoa amada, esperam algo muito diferente daquilo que a pessoa pode oferecer. O pior de tudo é quando o parceiro oferece cada vez mais e o outro, assim mesmo, está insatisfeito, sentindo-se incomodado, forçando-se a sentir o que não sente de verdade.

São aqueles que falam:

— Não entendo, doutor. Tenho tudo do parceiro, da família, dos amigos e ainda assim me sinto infeliz!

— Como não estar feliz, se eu deveria me sentir assim?

Resumindo a história, como se não bastasse bancar a vítima e ficar esperando, ainda recusa a oferta do outro, pois quem espera quer do seu jeito, da maneira que lhe agrada, na hora que estiver disponível e se estiver no clima apropriado naquele dia; ou seja, quer receber, mas tem *muitas exigências* para isso.

Dessa forma, a arrogância impera e o casal continua sofrendo com a atitude imatura de não compreender que cada pessoa só pode dar o que tem, o que consegue, por mais que se esforce. Ainda não sabemos que necessidade não é amor e que, enquanto as pessoas não aprendem a preencher suas próprias necessidades, não há possibilidade de troca genuína no amor, pois permanecerá aquela espera utópica por outra pessoa igual, que nada tem a oferecer além da espera.

Ciúme é prova de amor?

Agora sei que vamos percorrer um trajeto inusitado, pois a grande maioria das pessoas acha que *ciúme é prova de amor*. No que diz respeito ao conceito, sei que consigo sua simpatia e apoio ao falar que o ciúme é uma atitude imatura do indivíduo, geralmente associado à sua baixa autoestima e alta insegurança. Contudo, muitas são as pessoas que acham que exatamente o que falta em seu relacionamento é o ciúme do cônjuge.

Muitas pessoas acham que se um terceiro lhe der atenção e conseguir despertar ciúme de seu companheiro, como num jogo sensual, serão mais valorizadas, já que a pessoa que provocou o ciúme sente uma energia de "estar por cima", uma sensação de poder. Não deixa de ser uma forma de atenção direcionada, porém de maneira mórbida; um tipo de valorização da sua pessoa em clima de disputa provocante diante dos outros, que, na verdade, rebaixa ainda mais aquele que provoca, pois apenas demonstra do que a pessoa é capaz para ter um pouquinho de atenção e cuidado. O ciumento age como um bebê que quer a atenção dos pais só para si, pois, internamente, a mensagem de sua intenção é:

— Mamãe eu estou aqui, viu? Você deve dar toda a sua atenção só pra mim.

Em outras palavras, o ciumento desenfreado tem uma autoestima tão baixa que não sente sua própria importância, pois esta só existe diante da atenção constante e exclusiva dos outros. Ele carece tanto dessa importância, que se anula como pessoa; sempre que tem atenção alheia, sente que tem valor e, assim, precisa exclusivamente daqueles que o elegeram como fundamentais em sua vida para se achar válido.

Não considero um grande mal quando há ciúme no relacionamento entre duas pessoas, principalmente se é algo leve e controlável, a ponto de não gerar desentendimentos entre o casal. Todavia, existem pessoas que só acham que existe valorização real se conseguir despertar o ciúme alheio. Mesmo fora dos relacionamentos íntimos, onde o ciúme pode ser mais provocante, inclusive com uma dose maior de sensualidade, tenho notado que as pessoas agem da mesma forma em relacionamentos interpessoais, sociais e até profissionais. Um exemplo é quando querem mostrar para um amigo, ou chefe, que sua pessoa, ou seu trabalho, tem mais valor em comparação ao do outro.

O ciumento sente muita necessidade de comparação, pois como classifica as pessoas em uma escala de valores muito própria, quer sempre saber como os outros o classificam. Certas vezes, faz qualquer tipo de negócio para saber qual é o conceito que as pessoas que o rodeiam lhe dão, qual é sua "nota" diante dos amigos, parentes, colegas de trabalho.

O ciumento é o orgulho em pessoa: não admite estar "por baixo", não aceita o segundo lugar, é complexado com tudo o que é menos, sente-se rejeitado, acha-se menosprezado pelos outros, acredita que ninguém tem com ele a paciência que ele merece, que ele não é reconhecido. De fato, esse complexo de inferioridade começa nele próprio, pois ele se menospreza e se compara com todos.

Percebemos, então, que o complexo de inferioridade é uma característica que tanto diz respeito ao relacionamento íntimo como se estende a outras áreas. Socialmente, o ciumento também não admite ter menos atenção do chefe, dos amigos, ou ter salário menor. Assim, trava uma luta incessante para que seu desempenho seja perfeito e indiscutível, pois a escala de valores das pessoas o incomoda muito.

A vaidade de querer ser alguém de valor para o mundo faz com que a pessoa ciumenta perca o referencial do seu próprio ser (*self*). À medida que necessita de toda a atenção do outro, faz tudo para que isso aconteça; dessa forma, deixa de lado sua identidade, seu verdadeiro valor e sua dignidade para conquistar o mundo.

As formas de controle que o ciumento utiliza para garantir toda a atenção do cônjuge se baseiam em restringir e vigiar a vida cotidiana do outro, devendo saber de seus horários e compromissos desde o início até o fim do dia, sob pena de punições e graves desentendimentos caso as coisas não aconteçam conforme as vontades do ciumento.

Imagine alguém que se sente constantemente desprezado. Essa pessoa precisa "garantir" que não será desprezada também pela pessoa amada, por isso é desconfiado, muito inseguro e necessita ser criativo, macabro (às vezes sórdido) para vigiar e controlar o parceiro em seu cotidiano. Por outro lado, o ciumento também tem um ônus a pagar, pois, da mesma maneira que cobra satisfações em demasia, fazendo com que seu parceiro se sinta sem liberdade, por vezes até invadido ou intimidado, obrigatoriamente precisa ofertar ao parceiro um "boletim informativo" de suas atividades diárias como um exemplo de comportamento que deveria ser correspondido em todos os seus caprichos.

Em geral, o ciumento precisa ser muito criativo para inventar desculpas bizarras quando sai da rotina, mesmo que vá fazer algo inocente, como visitar uma amiga ou se divertir na presença de alguns amigos, pois o clima de desconfiança faz com que o companheiro também aja com desconfiança. Devido a essa reciprocidade, acredite ou não, ciumento atrai outros ciumentos: se o parceiro não era ciumento, acaba tornando-se um (ou revelando o lado ciumento adormecido), pois aprende a ser maquiavélico para fuçar o celular, revirar bolsas, agendas e pertences do outro até encontrar algo que pareça suspeito.

Mesmo não havendo nada de errado no relacionamento, o *complexo de inferioridade do ciumento* pode tomar a forma de uma neurose tão intensa que a pessoa arranja um motivo para se aborrecer com o cônjuge, e ambos se machucam mutuamente por meio de acusações que não existem no mundo real, mas estão arraigadas na realidade do ciumento, em sua maneira "inflamada" e distorcida de ver o mundo.

Perceba como esse tipo de sentimento causa insegurança constante e uma privação que repercute em vários setores da vida do casal, pois todos os tipos de amizade são controlados em excesso, e ambos são tolhidos mutuamente no relacionamento afetivo. Você pode estar se perguntando:

— Como fazer para ajudar essa pessoa? Devemos dar mais atenção a ela?

O ciúme é uma doença emocional grave, que denota uma autoestima muito precária, tão complicada que, por mais que as pessoas deem atenção exclusiva, os sintomas só se intensificam, pois o ciumento fica viciado proporcionalmente ao que recebe. Em seguida, age como se aquela quantidade de atenção fosse obrigatória, principalmente quando vem das pessoas amadas; ou seja, sua mensagem interna, quando recebe mais atenção, ainda é:

— Isso mesmo, continue me dando mais atenção exclusiva, pois é sua obrigação comigo, apesar de ainda ser muito pouco.

Para entender o processo e tentar ajudar, como terapeuta e conselheiro, trabalho primeiramente para que a pessoa que sofre desse sintoma consiga observar e assumir que é ciumenta e que consegue dar novo significado às suas crenças, trabalhando sua *insegurança* e *complexo de inferioridade* por meio de *técnicas de reprogramação metafísica específicas*, pois apenas saber o sintoma e tratar o ciúme, dizendo à pessoa que não seja ciumenta e tente se controlar, é tratar a consequência, e não a causa.

Considerando tudo o que foi discorrido acima, nota-se que o ciúme não começa no relacionamento afetivo; nele apenas se exacerba uma condição preexistente, provavelmente proveniente da infância ou da adolescência, quando o indivíduo teve os primeiros contatos com as frustrações da vida.

É imprescindível observar, disciplinar e educar o ciúme, o sentimento e sensação de possessão antes de ingressar num relacionamento afetivo e conjugal; caso contrário, as adversidades, desentendimentos, discussões, brigas e agressões estarão presentes no relacionamento, independentemente de se terminarem e recomeçarem tantos relacionamentos quanto o indivíduo quiser. O problema estará sempre com ele e, *se não o superar, levará consigo aonde for e com quem quer que esteja*. Então, abra bem os olhos, pois ciúme não é prova de amor.

Mimo não é amor!

Vamos começar esse assunto falando sobre a palavra mimo. Que ideia você tem de mimo? Na maioria das vezes, as pessoas acham que mimo é o mesmo que carinho, e uma vez que ouvem dizer que uma criança foi mimada, acham também que é porque recebeu muito abraço, beijo e carícias. No entanto, o mimo a que me refiro está mais diretamente relacionado ao prestígio e à proteção, já que o carinho, os abraços aconchegantes, beijinhos e brincadeirinhas afetivas dos adultos fazem parte da troca amorosa saudável entre pais e filhos.

O mimo é considerado um ponto de imaturidade muito frequente, pois consiste num *cuidado excessivo de superproteção*, que incentiva a criança a *ser o centro de todas as coisas*. Em geral, inicia-se na infância e acompanha o indivíduo até a vida adulta, dificultando seus caminhos e fechando portas em vários casos durante o percurso de sua existência.

Contrariamente ao que a maioria acha, o mimo não diminui com a idade se não for logo percebido e trabalhado; isso acontece com quase todos os nossos pontos fracos. Assim, o mimado persiste em seu ponto de vista egocêntrico, a menos que perceba, com o passar dos anos, que sua imaturidade está complicando toda a sua vida, e é muito difícil isso acontecer sem o auxílio de alguém especializado.

O mimo que interfere quase patologicamente é um tipo de *proteção desmedida*, um privilégio incondicional dos pais para os filhos que faz com que a criança sinta que, se houver qualquer problema em sua vida, não será ele que terá de resolver, e sim os seus pais.

É muito justo que, enquanto bebês e crianças, os pais tenham que prover sustento, vestimentas, educação, acolhimento e as condições mínimas básicas para suprir as necessidades de seus filhos; contudo, essa fase vai se prolongando cada vez mais e eles não percebem que os filhos já podem se virar. Todavia, os pais continuam a "fazer e dar tudo" para quem já pode fazer por si só.

Por um lado, os adultos continuam mimando para cumprir seus "papéis de pais", provedores do conforto e da manutenção do lar, mas, por outro, têm medo de não estarem sendo "bons o bastante", por isso poderão ser cobrados pelos filhos no futuro e desprezados por eles; ou seja, por medo da rejeição dos filhos no futuro, desenvolvem a pretensão de serem "os melhores pais do mundo" (da maneira que acreditam ser o melhor), em vez de serem apenas aquilo que podem ser.

Os pais que não tiveram "tudo" são aqueles que dão tudo e "estragam seus filhos", mimam muito, pois têm a imagem de "amor" distorcida como superproteção.

Geralmente, os pais que batalharam e conseguiram se desenvolver a ponto de poder oferecer conforto aos filhos dedicaram-se com esforço e não encontraram *facilidades gratuitas* em suas vidas, já que todo crescimento envolve disciplina e empenho na vida. Curiosamente, e de forma contraditória, acham que têm a obrigação de dar ao filho ("papéis de pai e mãe") aquelas facilidades que não tiveram, sem observar as consequências disso: o mimo.

O resultado do mimo é que, em pouco tempo, os filhos vão se acostumando com a inércia em vários setores de sua vida particular, seja na escola, quando se negam a resolver seus problemas, pedindo para os pais falarem com a professora ou com a diretora, ou em suas próprias casas, "superprotegidos" da frustração, uma vez que não podem sofrer contrariedades e nem ouvir um "não", senão ficam irritados e acham-se no direito de ser mal-educados e "hiper-reativos" em relação a qualquer tipo de regra ou disciplina.

Desde cedo, a criança criada com muito mimo, que nunca ouviu um "não", não sabe como é se frustrar, mas em certos momentos da vida terá de aprender a lidar com o mundo como ele é, já que na vida nada é exatamente do jeitinho que queremos, não é verdade?

Nada é perfeitamente como pensamos, por isso nosso treinamento na aceitação dos acontecimentos da vida como eles são compõe um ponto fundamental na vida de todo adulto saudável, o que deve ser iniciado na infância, incentivando-o no respeito e na disciplina. Isso também não significa que tudo deve ser baseado na privação e no sofrimento se temos boas condições sociais e econômicas, ou que só a opinião dos adultos da casa devem valer. No entanto, é importante que a criança, desde cedo, aprenda a respeitar regras e saiba que existem limites e disciplina em tudo aquilo que se propuser a fazer.

É muito comum receber no consultório pais que acham que seus filhos deveriam tomar uma atitude na vida, pois acham que estão estacionados, não sabem tomar decisões, e na primeira tentativa de emprego saíram em menos de um ou dois meses.

Ou então que, após terem terminado um romance, não procuraram ou não conseguiram nenhum outro envolvimento afetivo.

Nesses casos, o que acontece é que como sempre foi muito "superprotegido" e "prestigiado", quase nunca ouviu um "não", quase nunca provou da sua própria força na vida, uma vez que os pais é que se esforçam por eles, pedindo que estudem, arrumem-se, trabalhem; ou seja, na verdade, nem os próprios filhos, que deveriam estar ocupados em se promover na vida, mobilizam-se nesse sentido, pois foram educados por pessoas que acolhem, assumem e absorvem tudo aquilo que parece difícil. Enquanto isso, o jovem ou o adulto mimado vai progressivamente atrofiando e embotando sua firmeza e suas forças, além de não sentir nem vontade de buscar aquilo que almeja para a sua vida – *se é que algum mimado almeja algo para a sua vida* (na maioria das vezes, dizem que não sabem bem o que querem fazer, principalmente na vida social e profissional).

As frases a seguir resumem a mensagem intrínseca nas entrelinhas do mimo:

— Fiquei decepcionado, então é melhor não tentar de novo!

— Para que tentar me promover na vida, me arriscar?

— Mas assim está tão bom, para que arrumar encrenca?

— Quero respeito e prestígio dos outros, mas não vou tomar nenhuma providência! Deixa eu ver quem pode resolver isso para mim...

Os filhos mimados sofrem a repercussão de seu mimo no setor profissional, pois, como apresentam dificuldades em aceitar o mundo, as escolhas das pessoas e suas diferenças, facilmente desistem de seus projetos e não se dedicam quando precisam, não se estimulam. Assim, ele não se conforma, por exemplo, como alguém pôde subir de posição na empresa e ele não, como o chefe foi estúpido, como ele não é o preferido no seu grupo de amigos ou entre os colegas de trabalho, uma vez que o mimado quer sempre prestígio gratuitamente, da mesma forma que teve tudo em sua casa. Busca a compreensão de todos e acha tudo difícil, por isso se mostra fraco e, em muitos casos, torna-se incapaz de tocar seus projetos e ideais.

A criança mimada, desde muito cedo, é insistente, birrenta e rancorosa, pois precisa conseguir as coisas que quer e, para isso, usa os outros. Sempre que não consegue, insiste da maneira mais firme e muitas vezes injusta, pois acha que merece tudo sem esforço, ou mesmo através do esforço de terceiros. Por isso, desde criança aprende a ser um bom manipulador, fazer manhas e dengos para convencer outras pessoas a enfrentarem situações da sua própria vida "para facilitar as coisas", pois assim não terá de fazer esforço. Como bom manipulador, tudo sempre acontece de acordo com suas conveniências, desvaloriza todo e qualquer esforço das pessoas que se sacrificam por ele. Fica tudo tão fácil que o mimado cada vez mais se acostuma com suas manipulações e acaba se afastando de tudo aquilo que sai do conforto do "fácil" e do "sem esforço". É assim que surge o "superexigente", *o arrogante que todo mimado desenvolve*, em graus variáveis.

Você conhece alguém assim? Arrogante e superexigente com tudo? Como está o seu "superexigente", que quer tudo ao seu modo? Em maior ou menor gênero, número e grau, todos temos um mimado dentro de nós. Quais serão as consequências dessa atitude na vida?

As consequências são sempre desastrosas, pois sempre que suas conquistas não dão em nada, ele culpa os outros, quase sempre aqueles que se esforçaram por ele, pois deviam ter dado mais apoio (carinho, compreensão, atenção, paciência), ter lutado mais por ele. O mimado não se responsabiliza por ele mesmo, age sempre como um bebê, nunca assume compromisso com nada, pois não pode se machucar, não tenta porque existe a possibilidade de errar e não aguenta a frustração.

Sua força está castrada e seu ânimo, enterrado nas entranhas da preguiça, do comodismo, uma vez que não suporta pensar que as coisas podem não ser da maneira como idealizou; se isso acontecer, vai sofrer muito porque tem medo de se lançar ao novo e tem aversão às mudanças.

Estamos falando de criança mimada, mas, como citado acima, o mimo não estaciona com a idade; ele cresce com a pessoa até que ela se dê conta de como isso o afeta e resolva enfrentar a comodidade mórbida que afunda cada vez mais a sua vida. Com isso, as principais áreas afetadas são duas: a profissional e a afetiva. Insisto na questão:

Você já superou o seu mimado, ou ele ainda é bem exigente, querendo tudo da sua maneira?

Um grande amigo meu de infância trabalha em uma das maiores multinacionais aqui no Brasil e estava me contando que, certo dia, precisava de uma informação que era o serviço de um setor vizinho da mesma empresa. Então, prontificou-se a contatar o pessoal do setor para solicitar o referido serviço. Ao fazer o contato, uma moça atendeu ao telefone e disse que deveria ligar para outro setor para pedir o serviço. Meu amigo respondeu que o serviço era da alçada do setor em que ela se encontrava, e não de qualquer outro. Então, ela respondeu:

— Ah, eu sei disso, mas não tem problema. É só falar com o "fulaninho" (Zezinho) ou com o "ciclaninho" (Toninho) e dizer que fui eu quem pediu...

Nesse caso, meu amigo conhecia todos os envolvidos: a moça, o "fulaninho" e o "ciclaninho".

Sabia também que os dois últimos fariam o que fosse preciso para agradar a moça, que era muito bonita e desejada pelos homens, segundo os padrões de beleza, sensualidade e moda da ocasião. Por isso, a moça sempre usava seu poder de sedução para conseguir "privilégios" (que outros trabalhassem por ela), tanto no seu setor como em outros nos quais houvesse homens que se deixassem seduzir à disposição.

O exemplo acima é um caso típico do uso da manipulação daquele que quer conseguir algo dos outros sem esforço próprio, confirmando que o mimado é sempre um grande manipulador, muito eficaz em suas estratégias. Mesmo que para algumas pessoas ele se torne chato devido à sua irredutível insistência, nessa hora o mimado não se importa com a opinião dos outros, pois o que vale é conseguir que o outro faça o que ele quer. E, assim, o mimo também pode estar inserido em outros departamentos, interferindo negativamente na vida das pessoas.

De qualquer forma, é mais fácil vermos as consequências do mimo nas páginas de um livro como este, por meio de terceiros. Assim mesmo, nos exemplos descritos, relatei passagens do mimo desde a infância até a vida adulta, e logo acima exemplifiquei algumas das consequências do mimo na vida profissional do indivíduo. Não foi à toa que ressaltei esses exemplos acima; é para que você comece a observar como o mimo está presente em grande parte das pessoas, destruindo os relacionamentos familiares, sociais e profissionais.

Agora, imagine só: se em algumas partes você se identificou com a criança mimada ou com a moça que usa a manipulação para seduzir e conseguir facilidades, como deve ser o relacionamento afetivo dessas pessoas mal-acostumadas e mimadas?

Antes de reclamar do parceiro afetivo, pergunte-se: que tipo de pessoa estou sendo para meu companheiro (a)? Será que o mimo não é o grande vilão da sua vida afetiva? Será que você não é aquela pessoa que quer tudo do seu jeito? Veja bem e com cuidado, pois o mimado, uma pessoa arrogante e manipuladora, também não admite o mimo do outro e ainda diz que o parceiro é quem age dessa maneira. Na verdade, parece que a vida une os "casais perfeitos" (falaremos mais sobre eles no Capítulo 4), para que façam juntos a terapia do espelho, em que semelhante atrai semelhante: *mimado atrai mimado, ciumento atrai ciumento, intolerante atrai intolerante*; ou seja, seu oposto direto é atraído para que possam enxergar melhor seus pontos fracos diante do outro. Daí o sentido da famosa frase: "Dois bicudos não se beijam". Não se beijam, mas reconhecem prontamente seu ponto fraco no outro, como se fossem espelhos um para o outro, o que os irrita ainda mais.

Note como a vida une aqueles que "se merecem". Você talvez não concorde, mas ficará unido à pessoa com quem é mais parecido, mesmo que seja nos defeitos: no *mimo*, no *apego*, na *impaciência*, na *insegurança*. Geralmente, é a pessoa que mais o irrita!

A partir desse ponto, vamos começar a esboçar algumas situações em que o mimo interfere diretamente na vida afetiva do casal.

Muitas são as vezes em que ouvimos os casais pedirem coisas e favores um ao outro, fazendo uma grande chantagem para conseguir aquilo que querem. E, nesse momento, você pode se perguntar:

— Agora não posso nem pedir um favor para o "Geraldo", senão serei uma manipuladora?

Não se trata apenas de pedir ou solicitar, pois, quando existe um *pedido real*, sem desejo de manipular, quem pede não obriga o outro a fazer o que ele quer, e portanto aceita que o parceiro responda "sim" ou "não", mesmo que fique incomodado por não concordar com sua opinião ou decisão. Assim, existindo respeito mútuo, ninguém se sente afrontado nem continuará insistindo em seu propósito de convencer, manipular, ou até mesmo tentar colocar a reputação do outro em jogo, usando nomes feios, como o mimado geralmente faz.

Quando você solicita algo para seu cônjuge, aceita a decisão dele? Você respeita mesmo, ou tem aquele discurso do "você nem liga para as minhas vontades" e, logo em seguida, desabafa:

— Seu egoísta!

— Seu mesquinho! Só pensa em você!

Conforme citado anteriormente, repare que o egoísta coloca nomes feios em tudo aquilo que não é como ele idealizou, para intimidar as pessoas; assim, fica fácil cobrar do outro, chamando-o de egoísta, egocêntrico (não importa o adjetivo) e dizendo que só pensa em si próprio, quando, na verdade, se agimos assim, nós é que estamos sendo egoístas, já que a verdadeira mensagem das frases acima é:

— Por que se importou com você e não comigo?

— Eu queria que valessem as minhas vontades e não as suas!

Quem usa frequentemente as frases acima o faz com certa indignação ou revolta, como se fossem xingos, pois a pessoa quer ter a razão. Então, quem na verdade é o egoísta? Geralmente é aquele que cobra a consideração, ou um determinado tipo de comportamento, pois não sabe lidar com as pessoas, nem encarar as diferenças.

Quando contrariado pelo parceiro afetivo, o mimado sente-se decepcionado e, muito desrespeitado, divulga isso a todos, reclamando e fazendo-se de vítima para os amigos (seu "público"), dizendo como o parceiro é malvado e cruel, pois não fez tudo aquilo que ele queria. Esse é o cenário do início de anos em crise existencial das pessoas envolvidas no relacionamento, pois elas começam a se vingar mutuamente, fazendo ameaças e afrontas na relação.

No relacionamento amoroso, o mimado também não muda e continua agindo da mesma maneira ao encontrar uma adversidade, investindo em culpar o parceiro em vez de negociar ou de enfrentar a situação de uma forma mais adulta. Iludido com a cabeça repleta de fantasias, descobre em suas decepções que afetivamente a vida também não é aquilo que ele espera, e que, quando o companheiro se respeita, geralmente *não é cobrado* pela insistência do mimado, portanto age de acordo com aquilo que sente e com suas possibilidades, por mais que ame o outro (o mimado), que, em seu orgulho, sente-se apunhalado.

Em consequência da frustração do mimado manipulador, existe o sentimento de vingança para compensar sua mágoa, que é algo parecido com a "disputa pelo poder" (ver o Capítulo 2), mas agora com ameaça: "quando precisar de mim, não estarei lá para ajudá-lo", ou seja, "não conte comigo, pois não gosto de você" (birra).

Amor neurótico: frequente e destruidor

Infelizmente, esse tipo de amor é o mais frequente nas relações que as pessoas estabelecem entre si, confundindo o sentimento real, o prazer de se abrir o coração e ter a sensação de bem-estar e expansão, com fantasias recalcadas por não terem se dado o direito de expressarem como realmente são. O amor neurótico quase sempre se disfarça com palavras ternas e doces, e pode ser chamado de uma infinidade de nomes, dependendo da neurose em questão.

Vamos lembrar que neurose é a consequência de uma parte de alguma emoção ou sentimento não expressado, reprimido, que compõe características básicas do temperamento de cada indivíduo. Esse aspecto, que não foi exteriorizado, permanece recalcado por um tempo como conteúdo inadequado no inconsciente do indivíduo e, mais tarde, aparecerá de maneira distorcida, causando sérios transtornos, como revoltas, fantasias de insatisfação, conformismo, culpa ou autoimposição.

Para exemplificar a neurose rapidamente, vou usar um exemplo que a querida professora Maria Aparecida Martins sempre usava: imagine que, no tronco de uma árvore, existem vários galhos e um deles não cresceu por qualquer motivo, ou não se desenvolveu ou foi cortado. O que acontece com esse galho? Fica atrofiado se não tiver condições suplementares ou, dependendo da poda feita e das condições da árvore em questão, regenera-se e cresce em outra ocasião. Neste exemplo, a árvore representa a nossa consciência, e *os galhos*, nossas *tendências, sentimentos, pensamentos, sensações, emoções,* entre outros atributos.

O que seria, então, um amor neurótico? Seria um tipo de bom sentimento que não foi devidamente expressado em alguma fase da vida daquela pessoa, por não saber assumir e valorizar o que sente e que, após certo tempo, retorna em forma de orgulho, mágoa, repulsa ou até agressividade.

O amor neurótico é tão frequente porque a grande maioria das pessoas foi ensinada a conduzir seus próprios sentimentos com base nos pensamentos castradores da educação convencional, em grande parte das religiões que consideram tudo pecado e proibido. Na moral social vigente, ouvimos falar que é presunção reconhecer seus talentos e bondades naturais ou adquiridas; portanto, aprendemos a buscar apoio de uma maneira infantil, neurótica, pois entendemos que tudo aquilo que vem de nós não é bom o bastante, é pejorativo. Por isso, quando temos essa visão de nós mesmos, buscamos apoio fora de nós, nos outros.

Todo amor que tem como princípio esperar tudo do próximo e focar seu propósito de vida no "outro" é infantil, superficial (isto é, neurótico), seja quem for esse "outro": filho, marido, esposa, patrão, pais, professores ou irmãos. A neurose é considerada uma parte infantil do indivíduo que não cresceu, pois não foi nutrida, estimulada ou, como o galho do exemplo acima, psicologicamente cortada, interrompida, quando a pessoa aceita e interioriza aqueles dizeres "singelos" do tipo:

— Você é muito sonhador. Acha que vai dar certo na vida?

— Foi reprovada no exame, sua burra! O jeito é se casar com um homem rico!

— Você não vale nada sem mim...

— Cuidado, hein! O mundo é cruel e será difícil achar alguém honesto com quem se relacionar...

— Sem seu pai, você sabe que não vai se virar sozinho...

— Sou tudo para você! Se terminar essa relação, está perdido...

Vou dar uma pausa depois de tantos dizeres "estimuladores" para analisarmos juntos: o que as pessoas podem esperar de um relacionamento afetivo quando não recebem incentivos (e a maioria não tem), apenas negatividade e sentimento de medo acerca da vida e de seus desafios financeiros, sociais ou afetivos?

O amor neurótico geralmente surge quando queremos transferir aquilo que achamos que deveríamos ter recebido dos pais (ou tutores) quando éramos criança para o parceiro afetivo. Por isso, fica fácil entender quando agimos como crianças perante o parceiro, esperando e sendo muito obedientes para ganhar um pouquinho de colo e mimo, ou brigando por companhia, reconhecimento e atenção; enfim, agindo exatamente da maneira como fazíamos com nossos pais. Não é raro ouvir a mulher chamar seu companheiro de "pai" e o homem chamar a companheira de "mãe".

Durante certo tempo, as pessoas envolvidas nem sentem que estão se prejudicando, pois há tanta carência de apoio e aceitação externos que qualquer tipo de amor é bem-vindo. No entanto, após algum período de convivência, o amor neurótico incomoda, e os casais não sabem nem o porquê de estarem tão irritados em suas relações. Nesse exato momento, é muito comum que aquele que mais cede aos caprichos do outro se incomode, pois seu "papel" representativo de "marido" ou "esposa" torna-se cansativo devido às cobranças do outro e de si mesmo para se manter em seu "papel". Chega a um ponto em que para de ser gentil, pois sente que não recebe nada em troca, e é muito triste que apenas nessa fase esse tipo de abordagem faça algum sentido. É nesse instante que as pessoas (ou pelo menos uma delas) se dão conta de que assumir o outro por inteiro é bem diferente de se ajudar, pois daí em diante passam a sentir o desgosto de viver um fardo tão pesado a dois.

É óbvio que, quando não temos algo, iremos culpar quem não deu, mas como cobrar se nós mesmos não nos damos força, não nos reconhecemos e ficamos esperando tudo dos outros?

Esperamos exatamente como aquela criança que esperava a atenção, o apoio, o amor, o carinho, as palavras meigas, etc., dos pais. O fato é que, efetivamente, muitas fantasias foram criadas em relação ao que é o afeto e o amor, o que nos faz ficar na espera sem fim, encontrando em cada novo relacionamento uma nova frustração.

Quero perguntar: o caro leitor sabe por que a frustração e a decepção são sempre recorrentes em várias tentativas de relacionamentos? Porque a pessoa muda de marido ou de esposa (namorado ou namorada), mas não muda sua fantasia, ou seja, continua esperando pelo parceiro ideal que lhe dará TUDO aquilo que lhe falta, aquilo que não teve quando criança, e que ainda não aprendeu a ter por si só.

Como veremos abaixo, o amor neurótico pode estar presente e disfarçado sob vários nomes e subterfúgios, uma vez que aprendemos a amar de uma maneira que o outro supra nossas necessidades individuais. E só percebermos como não nos permitimos falhar nunca, nem passar vergonha, mesmo que estejamos aprendendo algo novo, e como não fomos educados a nos sustentar diante de nossos tropeços e erros, que fazem parte do nosso aprendizado, e acabamos achando que não somos mais capazes de nos apoiar. Portanto, esperamos eternamente que venha alguém que nos dê força, não nos deixe só e nos incentive quando falharmos ou nos criticarmos. E quem seria essa pessoa? O cônjuge, que também espera o mesmo de nós.

A repressão que sofremos em nossa forma de ser se faz presente em níveis proporcionais para cada indivíduo e caminha à medida que o amor neurótico dos educadores tenta se justificar por si só. Sempre explicam que sua forma de amor em seus devaneios para com os filhos, no fundo, é o verdadeiro "amor", e este garantirá que tudo sempre "dê certo" em seu futuro. Com isso, esquecem de ensinar aos filhos o desenvolvimento de suas capacidades, talvez porque, nesse aspecto, os próprios educadores também não se desenvolveram. Nem eles se conhecem interiormente em seus potenciais e possibilidades, e por isso não se deixam expressar como gostariam.

O amor neurótico "não admite erros", pois, se somos pecadores, errados — enfim, não somos bons o bastante —, pode ser perigoso se doar ou buscar algo que queira, já que existe o *risco de errar*. Se acreditarmos que somos presunçosos quando nos reconhecemos, é melhor que outro nos dê ou faça aquilo para nós. Assim, se algo sair errado, a culpa foi do outro, e estaremos isentos da responsabilidade (pelo menos temporariamente). Dessa forma, aprendemos a sentir o tipo de alívio que nos exime das responsabilidades. Esse alívio não realiza nosso íntimo, trazendo sempre a sensação de vazio em si, pois é uma atitude que anula suas próprias forças, uma vez que nossa essência quer sempre *explorar, fazer, aprender, relacionar*. Enfim, não nos realizamos pela estática e pelo comodismo.

De modo geral, as pessoas continuam seus "jogos neuróticos", culpando umas às outras em vez de assumirem a sua parte, sua responsabilidade consigo, observando em que pontos não se deixam ser e satisfazer elas mesmas, realizar a sua essência, esperando reconhecimento e prestígio, e fantasiando que a solução para sua vida afetiva será encontrar a "alma gêmea" ou "a pessoa certa".

Os disfarces do amor neurótico são muitos, e as neuroses que sustentam esse sentimento podem abranger o relacionamento de namorados e cônjuges, ou até mesmo as relações entre irmãos, pais e filhos, nas quais os sentimentos de ciúme, apego, rejeição, acolhimento, mimo e posse também podem estar disfarçados de "amor".

Sei que o caro leitor pode ter tido a sensação de exagero, uma vez que estou citando e até colocando em questão o amor de pai e mãe. De fato, as mães podem demonstrar que amam com o cuidado, a atenção; aliás, os pais, quando dão algum presente aos filhos, podem também simbolizar seu amor, pois existem várias formas de demonstrar seus sentimentos. No entanto, quando falamos de amor neurótico, estamos falando do amor que quer conduzir e controlar, que não permite a expressão daquele que diz amar.

Os filhos não podem ser verdadeiros, não podem dizer o que pensam nem o que sentem em seu íntimo, a menos que os educadores achem seus pensamentos e sentimentos adequados (fantasia de sentimento ideal). Os filhos não podem sofrer decepções ou passar por dificuldades, senão os pais as assumem como suas, interferindo exageradamente nos problemas que deveriam ser desafios aos filhos e não a eles; além disso, ainda querem segurá-los para si, deixando-os presos. Conheço muitos casos desse tipo, e de um deles acabo de me lembrar:

Trata-se do exemplo de um pai que "ama" tanto sua filha de 22 anos que, apesar de arcar com os custos de seus estudos e não deixar faltar-lhe as coisas materiais, não deixa que ela se desenvolva, pois não quer que ela saia de casa nem mesmo para arrumar emprego, para que, dessa forma, seja sua dependente para sempre. Quando fala em casamento, o pai praticamente "surta", pois não pode conceber a ideia de sua "neném" se casando e fazendo sua própria vida.

O pai ainda a vê como uma criança, um "bebê" de colo, e acha que deve protegê-la, afinal de contas, além de ser mais velho, é o pai. Faz isso porque a "ama", achando-se, assim, "o melhor pai do mundo", e não percebe como está se distanciando da filha, nem a dependência e sensação de inadequação por parte dela. Consequentemente, o pai também não percebe seu próprio apego e sentimento de posse com relação à filha, chamando esse conjunto de sentimentos associados à sua insegurança e machismo de "amor".

O caro leitor pode até imaginar o que acontece quando a moça pensa em expressar as suas ideias com relação à sua sexualidade. Fala apenas com a mãe, porém de forma também distante. Atormentada com a condução da sua sexualidade, precisa omitir sobre seus desejos e prazeres, pois, mesmo sendo uma jovem responsável, não consegue aproveitar sua sexualidade com prazer, temendo uma possível gravidez, como uma afronta ao seu pai. Previne-se em excesso, com medo neurótico, pois em sua mente criou uma relação forte de sexo com tragédia. Consequentemente, está em crise com o namorado, pois a sua autoimagem está distorcida não apenas com relação à sua sexualidade, mas também aos seus potenciais e habilidades.

Como acontece com todo mimado, por não poder externalizar sua força fora do meio familiar, a filha se acha inferior e sente que não pode opinar diante do pai, pois acredita que sua palavra não tem valor. Esse é o resultado da sua perturbação com relação ao pai: quer fazer de tudo para sair de casa o quanto antes e se livrar da sua presença.

Muito embora o pai esteja fazendo o que a grande maioria dos pais faz, perceba, no caso mencionado, como o excesso de cuidado em forma de posse e apego do pai pode ser perfeitamente justificado pelo "amor". De qualquer forma, a filha é quem deverá se impor como adulta, emancipada, e não como um "neném" que precisa do "colinho do papai", pois, apesar de ambos terem sua parte na história, a maior responsabilidade sempre é daquele que está se sentindo agredido ou incomodado — nesse caso, o maior problema é desta moça, que não se expressa e permanece cada vez mais recalcada e inibida, distorcendo a sua autoimagem.

A seguir, faremos um "dicionário afetivo" dos sinônimos da palavra amor de acordo com a neurose de quem está envolvido. Com ele, você poderá constatar os nomes que podem ser dados ao amor neurótico, pois, apesar de imaturo, está cada vez mais presente, porém disfarçado com intenções e palavras que frequentemente encontramos no dia a dia. É preciso ter muita humildade para assumir nosso amor neurótico e rever as suas consequências em nossos relacionamentos afetivos. Assim, podemos ter alguns exemplos para mensurar o quanto realmente amamos e o quanto "piramos" em nossa imaturidade afetiva.

Paixão

Aparece de forma louca e desenfreada. A paixão sem controle, quando termina por uma das duas pessoas, pode atingir graus tão desajustados que, ao sentir o complexo da rejeição, o outro pode cometer atrocidades contra si mesmo ou contra o parceiro. Ainda assim, o agressor pode dizer que tomou atitudes agressivas e até fatais por "amor", chegando a agredir ou, em alguns casos, a assassinar a pessoa "amada", o que geralmente é característico de alguns tipos de psicopatologias em níveis muito avançados — em alguns casos assintomáticos, são perceptíveis apenas mediante pressão excessiva ou sentimento de decepção. Trata-se de uma morbidez grave que, dependendo do caso, pode atingir não apenas o sentimento, mas também a integridade física e psicoemocional dos indivíduos envolvidos.

Contudo, em níveis mais brandos e moderados, esse tipo de "amor" pode ser desenvolvido por pessoas que normalmente carregam sentimentos de inferioridade e autorrejeição. Quando essas pessoas têm a companhia do outro, acham-se tão importantes que, quando o relacionamento passa por crises ou se mostra fraco e desgastado o suficiente para que haja um rompimento, o sentimento da autorrejeição se fortalece e ressurge de maneira abrupta e intensa, causando desde prostração leve e desânimo até depressão em níveis variáveis.

Apego e carência

Tipo de neurose na qual se espera o outro fazer e ser tudo, pois o parceiro não enxerga a si mesmo, só se enxerga na presença e na companhia de outro alguém. Assim, torce para sempre estar perto de alguém, pois se não tem outra companhia (seja de cônjuge, filhos ou amigos), sua vida não tem significado. Esse tipo de amor é imaturo, porque quanto mais tiver a companhia do outro, mais ficará distante de si mesmo. O apegado é o tipo de pessoa que termina um relacionamento e não consegue (tem pavor de) ficar sozinho. Isso acontece porque não descobriu o significado da sua presença para si mesmo, não tem a sensação de existência, não desenvolveu seu autorreconhecimento, seu autoamor, por isso, acha-se sempre inútil para as suas próprias conquistas. O que realmente quer é que a outra pessoa assuma as rédeas de sua vida. É aquele que se diz carente, que considera a carência uma característica própria e positiva, sem perceber que é uma doença, pois fica viciado, criando uma dependência parasítica. Todo apegado é carente; carente do outro, do amor do outro, da consideração do outro, da atenção do outro, do respeito do outro, da presença do outro, já que não sente essas qualidades nele próprio.

Suas relações quase sempre são frustradas, já que nenhuma companhia suporta seu "grude" psicoemocional e energético. Sem perceber, essa pessoa acaba exaurindo a si própria e ao parceiro. Ansioso e desesperado por qualquer companhia alheia, apoia-se de maneira desmedida nos caprichos de outra pessoa que aos poucos se cansa de ser o "ombro amigo dos fracassados", percebendo que está servindo como "cabide emocional". Na verdade, o carente e apegado se sente vazio quando está só devido à falta de autorreconhecimento de seus potenciais. Sendo assim, contrariamente ao que aprendemos, não se trata de querer a presença do outro, mas de não reconhecer a sua própria presença.

De fato, essas pessoas não querem ficar sozinhas, pois se condicionaram a não encarar suas forças e qualidades. Defino o amor de apego como um "amor mais grudento do que goma de mascar". Quando o apegado chega (por exemplo, a mulher), o marido fala: "Chegou a polícia!", pois de tão apegada não dá folga nem espaço a ele. Por outro lado, sabemos como ela pensa quando fala sobre relacionamentos. Suas célebres frases a respeito de "o que é o amor" são:

— Você cuida de mim e eu te retribuo com o meu amor.

— Em troca, dou-lhe a minha companhia para cuidar de você (vigiar, policiar, investigar).

— Você me dá tudo e eu fico aqui; dou-lhe a minha presença.

Apego e carência não são saudáveis, pois, quanto mais se apega ao outro, seja a quem for, mais se distancia de seus verdadeiros sentimentos, de sua real capacidade de amar. Quem não se ama elege que os outros o amem, mas também não se sente satisfeito com isso. Quem não se ama quer cada vez mais companhias externas, já que não se reconhece e, assim, não tem capacidade para sentir-se bem com o sentimento que lhe é ofertado.

Como aproveitar o amor alheio sem dar a devida atenção e aconchego a si mesmo, sentindo-se sem significado, vazio?

Dor e sofrimento

Muita gente acha que amor combina com dor e sofrimento. Assim, quando estão em um relacionamento sem nenhuma confusão e dificuldade, são capazes de achar que falta algo em suas vidas. Atraem parceiros que os fazem sofrer repetidas vezes, durante anos, inclusive em diferentes relacionamentos, pois acreditam que a dor e o amor são inseparáveis, tal como dizem as músicas românticas — que vão do exagero da música caipira, sertaneja brasileira, pagode e samba, até o drama exagerado do bolero ou do tango argentino. Na maioria das vezes, os autores desses estilos musicais ressaltam frases "românticas" que dizem algo parecido com:

— Se você se for eu não serei capaz de...

— Sem você não sou nada!

— Mesmo sofrendo, sou seu e você será minha para sempre.

— Como dói esse amor...

— Amor bandido que me invadiu e me tornou seu escravo!

Rejeição

Algumas ideias distorcidas sobre valorização foram propagadas e até hoje são aderidas, a ponto de acreditarmos que, se alguém está rejeitando a companhia de outra pessoa, é porque no fundo a ama. Rejeita para "se fazer de difícil", mas no fundo valoriza e ama essa pessoa. A vantagem de quem rejeita é que, assim, receberá mais consideração da pessoa amada e não será taxado como alguém muito fácil, além de ter a sensação de "estar por cima". Assim, quem faz esse tipo de "jogo neurótico" espera que no futuro seja valorizado, ou que, ao iniciar um relacionamento, não seja rejeitado pela pessoa amada. Observe como essa maneira de lidar com o relacionamento é traiçoeira desde o início. Metafisicamente, a mensagem intrínseca é: "Estou rejeitando-o para que você me valorize e no futuro não me *rejeite*".

Essa ideia imatura foi e ainda é muito difundida, principalmente pelas mulheres, por medo de serem abusadas e enganadas em seus relacionamentos afetivos. No entanto, esse tipo de truque, por exemplo, de evitar relação sexual nos primeiros encontros para mostrar seriedade, rejeitar várias vezes a mesma pessoa para causar uma impressão de valor, dentre outros, nunca garantiram valor a ninguém, uma vez que só se valoriza quem já desenvolveu um verdadeiro autovalor; e muitas pessoas enganosamente dizem tê-lo desenvolvido, mas apenas falam, sem senti-lo de fato. Da mesma forma, só se abusa de quem é influenciável, e o fato de ingressar em um relacionamento não querendo ser enganado só serve para denunciar o *medo que já está sentindo* da própria rejeição e, em pouco tempo, o medo que sentirá da famigerada lei da atração (semelhante atrai semelhante); por meio de seu medo, acaba atraindo alguém que lhe abuse, engane ou traia, e no fim o rejeite.

Responsabilidade

O amor responsável é aquele disfarçado de obrigação, de dever, mas isso não significa que quem ama por sentir-se responsável por alguém esteja fingindo, ou não tenha sentimento. Contudo, neste momento, o que está fazendo é uma obrigação, o "seu dever". Por isso é muito comum os pais confundirem o que acham ser "seu dever" com o amor. Por exemplo, uma mãe pode falar que ama os filhos, resolvendo tudo, com um excesso de orientações, cuidados e "sermões", falando que faz isso para seu bem e que isso é "amor". Em contrapartida, quando seu filho cresce mimado e não sabe fazer nada sozinho, não sabe o que quer ser na vida, não tem ideia do que realmente lhe realiza, é que a mãe constata que aquilo que ela chamou de amor não levou seus filhos a se conduzirem na vida.

Nem sempre excesso de zelo e responsabilidade significa amor, já que o amor faz o indivíduo crescer e confere a ele uma sensação de independência na vida, com confiança e autorresponsabilidade.

Esse tipo de amor também pode ser observado no relacionamento a dois quando os namorados, marido ou esposa, muitas vezes não sentem mais nada um pelo outro, mas acham-se na obrigação de continuar com o mesmo parceiro, porque prometeu à sua família ou à família do outro. Por tratarem-se bem entre os familiares, resolvem suportar a relação, mesmo insatisfeitos, achando que é normal não sentirem mais atração pelo cônjuge após certo tempo de relacionamento. E como se não bastasse, dizem que o fazem em nome do "amor", em nome do respeito aos familiares do outro, enquanto desrespeitam a si mesmos e acomodam-se numa relação que chamam de *relacionamento adulto, maduro*, responsável.

Apoio/Condoer-se

É o tipo de apoio considerado "amor" e até respeito, seja na vida amorosa ou entre amigos, e é fundamental para que a pessoa não se sinta sem graça, sem jeito quando não dá a impressão de afronta ou deboche àquele que o espera.

Um exemplo simples desse tipo de apoio é quando temos que rir de uma piada que não entendemos ou não achamos engraçada para que o outro não fique chateado. Dessa vez, é exigido que ambos exerçam seus "papéis de verdadeiros amigos", pois quem contou a piada sem graça espera que riam e achem sua piada o máximo, ou ao menos algum riso demonstrando um mínimo de aprovação (apoio). Por outro lado, é "imposto" que o amigo faça o esperado, ria ou apoie, senão terá a sua reputação ameaçada por ser um amigo "chato".

Confira alguns exemplos de outros casos em que o mesmo acontece:

— Alguém fala o português errado e, para apoiá-lo, não podemos falar corretamente em sua frente, senão isso será considerado uma afronta, um desrespeito. Assim, não percebemos que quando falamos corretamente, o outro pode sentir vontade de aprender a maneira correta da pronúncia e até mesmo agradecer, como acontece várias vezes.

— Alguém está com um grande problema e, para apoiar e respeitar o seu sofrimento, não podemos mostrar que estamos felizes, pois o outro pode se sentir ofendido. Assim, a tendência é falar sobre algum problema pelo qual tenhamos passado para dizer que sabemos o que significa estar em sua desconfortável posição, condoendo-se pelo problema alheio. Muitas vezes, isso dura o encontro todo, só para apoiar o amigo e se mostrar solidário ao seu mal-estar. Assim, demonstramos "amor" ao amigo.

Qualquer forma de apoio descrita acima é um grande absurdo. Imagine que para dar uma ajuda a um amigo que foi acidentado, demonstrando que você o considera muito e que gostaria de vê-lo melhor, tivesse também que se acidentar? Seria mesmo um sentimento de amor ou somente apoio?

Definitivamente NÃO. Condoer-se é uma forma de expressão imatura e padronizada da mente coletiva que, novamente, considera o amor uma dor e, se não for prontamente identificada, pode se agravar, causando autoimpotência e sofrimento crônico, além de sociopatias e sensações como: irritação, incômodo, repulsa às pessoas e amizades, desânimo e depressão. Isso ocorre porque, de forma mórbida, o indivíduo aprende a "amar" através do mal-estar e desse tipo de apoio neurótico, que traz apenas angústia, dor e infelicidade.

Acolhimento, consideração, atenção e cuidado

Evidentemente, existem mais "disfarces" do que todos esses já enumerados para a palavra "amor"; um amor que é imaturo, principalmente porque se espera do outro mais do que ele realmente tem a ofertar. Falando nisso, o que mais consideramos amor em uma relação afetiva? Se eu lhe perguntasse o que você espera em suas relações amorosas, seja na atual, na passada, ou até mesmo na próxima, como você me responderia, usando motivos além daqueles de praxe e bem superficiais? Por exemplo, no caso de uma mulher, que deseja um homem com as seguintes características físicas: moreno, alto, inteligente, bom de conversa, bonito e sincero; no caso do homem, tais características poderiam ser: loira, de corpo estonteante, alta, magra, não ciumenta e que nunca cobre nada...

Se fôssemos mais a fundo, o que mais você gostaria que a "pessoa ideal" tivesse ou fosse?

Estou certo que dessa vez escolhi os quesitos mais procurados por qualquer pessoa que queira ingressar num relacionamento, pois são os mais comumente citados em toda reunião de bar, numa conversa despretensiosa no ônibus, em grande parte dos bate-papos, nos disque-amizades, e até mesmo nos consultórios psiquiátricos e de orientação psicoemocional – incluindo o meu. Esses atributos são:

- Acolhimento
- Consideração
- Atenção
- Cuidado

Acho que eles exemplificam o que basicamente esperamos num relacionamento afetivo, pois neles também estão inclusos outros atributos, tais como: reconhecimento, elogio, atenção, dedicação, respeito, exclusividade, distinção, mérito, admiração, entre outros.

Claro que, ao engatarmos um relacionamento, queremos coisas boas. O caro leitor pode estar se perguntando:

— Não é natural esperar algo de bom do outro para conosco?

Sim, é claro! No entanto, o que faz toda a diferença é a forma como fazemos isso...

Quase sempre sonhamos com qualidades que a outra pessoa precisa ter para nos satisfazer, com surpresas que gostaríamos de receber, e que não precisam ser necessariamente presentes materiais, mas consideração, acolhimento, atenção e cuidados. O fato é que esperamos e nunca perguntamos, nem mesmo observamos, se a pessoa em questão tem realmente todas essas qualidades ou se pode nos oferecer aquilo tudo que desejamos.

Se você se identificou pouco ou muito com os atributos do amor condicional e imaturo, falaremos logo adiante (neste e no próximo capítulo) sobre as possibilidades do sucesso na vida afetiva e conjugal que, por se diferenciarem dessas de que falamos até agora, por si só ajudarão o leitor em sua transformação para uma nova visão de vida afetiva e conjugal. Contudo, a partir deste momento, pode ser uma boa dica nos perguntarmos por que exigimos tanto e cada vez mais do parceiro quando oferecemos tão pouco.

Entendo que quem ainda nutre a grande lista de expectativas de um romance imaturo e, consequentemente, depende da boa vontade e aprovação do outro, não irá concordar comigo. Mesmo assim, acredito que aqueles que passaram anos de suas vidas em relacionamentos frustrantes e já sofreram o bastante vão considerar as dicas de uma visão mais profunda e emocionalmente mais inteligente.

Assim, deixo registrada uma sábia frase, que li em algum lugar, para você reflitir sobre o que acabamos de conversar:

"Amor não foi feito para se completar, mas para se construir e se compartilhar".

Autoestima é sinal de maturidade afetiva

Para falar sobre autoestima com maior profundidade, seria necessário um outro livro, ou pelo menos capítulos extras para que pudéssemos atingir uma compreensão, de modo que se diferencie da simples informação ou conceito da sua aplicação na vida prática. Com essa intenção, vamos expor alguns exemplos práticos, considerando a autoestima uma importante aliada da maturidade e do amor incondicional, buscando atingir, sempre que possível, o sucesso nos relacionamentos afetivos.

Para conceituar autoestima, lembrei-me de um caso muito curioso de um homem que passou pelo meu consultório[3]:

> Márcio era um sujeito à beira de uma crise conjugal. Contou-me que não tinha mais interesse na atual esposa e que havia decidido, há algum tempo, que queria se separar. Dizia não suportar mais a presença dela no espaço em que viviam juntos.
>
> Desde o início do relacionamento, já tinha percebido o ciúme e o apego da esposa, que não dava nenhum passo sem consultá-lo. De início, foi muito interessante, pois, como homem, ele se sentia importante, notando que a mulher não vivia sem seus conselhos, e por isso se sentia o tutor de sua vida, o conselheiro e provedor do lar. Mas, com o passar dos anos, foi se sentindo inutilizado em seu papel entediante.

---
[3] Todos os nomes citados nos exemplos deste livro são fictícios.

A esposa fazia muitas cobranças, como o horário de chegada ou saída, cobrava satisfações caso atrasasse para chegar do trabalho, pois era carente de sua atenção. Em quase oito anos de relacionamento, há dois anos já não se sentia contente e estava muito cansado da situação que via se desenrolar ao seu redor.

Assim mesmo, tiveram um filho e, após seu nascimento, sentiram que sua relação tomava um novo fôlego, mas não havia sossego, já que, como provedor do lar, via-se mais responsável do que nunca, ainda mais com seu filho para criar. Sua moral também não permitia que a esposa trabalhasse fora de casa, pois seria uma grande afronta para as suas ideias machistas que a esposa se sustentasse ou até mesmo tivesse o rendimento financeiro maior que o dele, tomando o lugar dele de "chefe da casa".

Apesar do que sentia, Márcio achava que sua decisão poderia refletir no sossego do seu lar, já que sua família conservava uma boa relação com sua esposa e, por isso, seria contra a ideia de sua separação. Além disso, pesava também o sentimento de abandono do lar, pois sua esposa sempre fora diretamente dependente e, agora, mais do que nunca, com um filho pequeno. Sentia-se arrasado, tendo que comunicar à esposa que não sentia mais nada por ela e que, apesar de lhe oferecer seu amparo pelo tempo que fosse necessário, não haveria mais razão para estarem juntos.

Como previu anteriormente, a esposa recebeu a notícia com tal contrariedade que começou a fazer escândalos, envolvendo inclusive sua família, além de acusá-lo de traição e culpá-lo pelos traumas futuros que o filho viria a desenvolver. Sentiu-se rejeitada e não entendia o que estava acontecendo, pois tudo estava tão bem naquele período; para ela, a única explicação era que ele estava se encontrando com outra mulher.

Mas o fato é que Márcio chegou ao meu consultório no meio dessa crise e queria uma resposta imediata para seu sofrimento, já que a esposa inconformada não aceitava a separação, e sua família também não admitia o fato de Márcio não sentir mais afeto por ela, achando que ele deveria permanecer com ela, pensando no futuro do filho deles.

O prezado leitor pode não ser terapeuta, mas, considerando o exemplo acima, responda:

— Se você fosse amigo de Márcio, como o ajudaria? De que forma conduziria suas atitudes? Faria como a família, aconselhando que o que estava sentindo era passageiro, que o filho uniria o casal e logo a relação estaria melhor? Deveria Márcio ignorar o que sentia por medo de enfrentar a opinião da família, da esposa e da sociedade?

Em primeira instância, o trabalho que fizemos com Márcio consistia na percepção de suas crenças. Em primeiro lugar, meu paciente precisava confrontar as ideias básicas que ele mesmo nutria sobre relacionamentos, afeto, casamento, família, dependência, maturidade e imaturidade. Além disso, deveria perceber, em todo esse contexto, onde ele mesmo tinha se colocado, ou seja, qual era o julgamento que fazia de si próprio.

Márcio teve de encarar que, apesar de sua aflição em se resolver, deveria resistir, pois como ele mesmo confessou, estava sentindo o mal-estar da presente situação há mais de dois anos e, por medo de tomar essa decisão em outro momento, prorrogou até aquela ocasião, que foi suficiente em tempo e espaço para gerar um filho, achando que assim resolveria seu descontentamento com a parceira. Enfrentou também seu orgulho machista que não permitia que sua parceira tivesse um emprego e nem dirigisse um carro, porque é ele quem faz "tudo" e ela não precisaria se preocupar com isso; ele pagava as contas dos dois, fazia compras, transportava a esposa para onde desejasse.

Márcio notava cada vez mais que o caso ficou sério a ponto de ter criado um relacionamento baseado na total dependência de ambos, e essa dependência imatura e castradora era a principal vilã da história, pois a imaturidade, como já descrita neste e nos capítulos anteriores, incapacita, aleija psicologicamente o indivíduo, mimando e atrofiando suas forças na vida.

Depois de aproximadamente cinco meses, Márcio teve autoestima suficiente para iniciar a elaboração de uma nova personalidade e, antes de qualquer coisa, para aprender a observar seus pontos fracos, seu orgulho e seus preconceitos machistas, seus papéis de "marido" e de "pai", sua falta de compreensão e paciência, sua ansiedade e imediatismo, seu sentimento de culpa e arrogância; tudo isso com o objetivo de querer que toda a família compreendesse o que sentia, pois ninguém pode sentir aquilo que não está vivendo.

À medida que se observava mais de perto e reformulava seu mundo interior, sentia-se mais confiante para tomar suas decisões, agora com mais propriedade e sabedoria.

Evidentemente, também sua esposa poderia ter mais autoestima e não aceitar suas ideias machistas e castradoras; mas, como a maioria das pessoas, Márcio e Helena também se casaram pelos padrões sociais, sem ao menos conhecerem a si mesmos: achavam que esse era o destino de todo "homem de bem" e de toda "mulher de família".

Quando somos mais novos, achamos que a orientação psicoemocional, seja ela individual ou conjugal, é uma "enrolação", que não precisamos de ninguém para nos orientar, que nos conhecemos e sabemos de tudo que precisamos, "não tem nada a ver" essa coisa de autoapoio e autoestima. Achamos que se alguém diz "Eu te amo" já está bom demais e isso é o sinal de que podemos depositar toda a nossa felicidade na pessoa ou nessa frase.

A falta de autoestima é cada vez mais frequente e caracterizada pela falta de responsabilidade da pessoa com ela própria, que se abandona e deposita sua felicidade, esperança e desejos em alguém diferente, que está fora do seu mundo, fora do seu íntimo.

Se você está vivendo com você, então deve ser o único capaz de saber o que lhe faz bem, a que horas, quando, como e com o que quer se vestir, o que quer comer e em que quantidade, ou o quanto quer se empenhar em algum projeto ou profissão, não é verdade? No entanto, como é que nos atiramos num relacionamento afetivo esperando que o outro resolva tudo isso para nós? A isso chamamos de falta de autoestima, falta de amor próprio ou, se preferir, de autoabandono.

Somente a autoestima fez Márcio olhar para o seu íntimo, ciente de que deveria "estar do seu lado", apoiar-se para tomar as providências de sua vida, pois era o único que estava passando por aquela situação e que, por mais que quisessem ajudar, sua família, seus amigos, parentes e irmãos não tinham a mínima condição de fazer isso, pois não estavam "em sua pele". Por isso, reformulou suas ideias, vendo de perto o estrago de sua autonegligência, do amor neurótico, ingênuo e imaturo (esperando tudo do outro, da parceira, da família) e as consequências do seu autoabandono em sua vida.

A partir daí, através de técnicas específicas que adotamos juntos no processo de crescimento emocional, ele aprendeu a dar força a si mesmo e tomou um banho purificador de autoestima e consciência própria para se expandir em direção a um novo rumo em sua nova vida, sustentando-se por onde quer que fosse.

Atualmente, em sua nova situação afetiva, Márcio tem capacidade de se expressar de forma mais clara, respeitando-se incondicionalmente, vivendo de forma espontânea, e não robótica como anteriormente.

Até hoje, Márcio manda notícias e sempre comenta que não se esquece dos resultados da autoestima elevada em sua vida, pois aprendeu que sua opinião tem valor e que a sua vez, suas ideias e seu jeito de ser e agir devem ser respeitados primeiramente por ele mesmo para que, com essa firmeza e confiança, possa ser respeitado não apenas pela parceira, mas também pelos amigos, pela família e pela sociedade. Observando suas ideias machistas, Márcio passou também a respeitar a necessidade que sua parceira tinha de trabalhar fora, de ter seu próprio círculo de amizade e suas conquistas pessoais, pois apenas quando aprendemos a nos respeitar é que se torna possível respeitar o outro em sua complexidade e em suas diferenças.

O machismo do homem em querer que a mulher não trabalhe fora de casa é uma insegurança tão grande quanto e proporcional ao ciúme extremista da mulher que se sente ameaçada por outras mulheres, quando sabe que o marido precisará executar algum trabalho profissional em outra cidade ou país, tendo que se ausentar. Em suma, seja por parte do homem ou da mulher, a postura de não admitir que o outro tenha sua individualidade e desempenhe suas atividades tranquilamente constitui uma grande insegurança e pretensão, um desejo de que ninguém tenha importância na vida do cônjuge, apenas ele, o "homem insubstituível", ou ela, a "mulher maravilhosa".

Sempre que as pessoas envolvidas em qualquer tipo de relação sentem-se censuradas em sua maneira de ser ou de agir, mesmo sem perceber, começam gradativamente a perder o interesse, ou seja, não se desinteressam pela relação, mas por manter aquela situação na qual não se sentem respeitadas. Ao longo de anos de falta de expressão, o indivíduo começa a diminuir o significado do seu relacionamento, pois o elo que o unia ao seu parceiro começa a fraquejar. As desculpas são as mais variadas possíveis, como:

— Acho que depois de tanto tempo é normal não ter o mesmo interesse pela outra pessoa, não é?

— Ah, não temos mais relação sexual; somos só companheiros um do outro!

— É normal esfriar a relação depois de um tempo de casados!

— Ele é uma ótima pessoa! Somos muito amigos, mas como irmãos.

Entre outras, essas são as principais desculpas para o problema crônico de falta de autovalor e autoestima, pois novamente ressalto que a responsabilidade de se expressar é da própria pessoa, e não do parceiro.

É muito comum também que a relação fique "fria" e desinteressante quando existe mágoa por parte de uma das pessoas envolvidas; contudo, a mágoa geralmente tem sido (e sempre foi) mais frequente nas mulheres e o motivo principal dos desentendimentos e separações de casais.

Quando magoadas, as pessoas são extremamente perigosas, tal qual um animal ferido que quer transferir sua dor ao outro; por vezes, mesmo quando a situação com a pessoa que a magoou já foi resolvida, continua com a ferida aberta, desejando se vingar com um novo parceiro, ou mesmo não mais conseguindo atrair outra pessoa afetivamente, de tanto que se afetou com a mágoa anterior.

De forma lógica, depois de instalada, a mágoa carece de cuidados especiais, principalmente no setor do orgulho, pois os nossos elementos que são afetados pela mágoa são produtos do nosso "falso eu", do nosso ego humano que, em estado patológico, cultiva em suas entranhas a vaidade, o mimo e o orgulho. Esses elementos causam dor, doenças psicossomáticas e sofrimento; fazem com que o indivíduo queira sempre "ter razão" na relação a dois, que sempre seja perfeito e "certinho" e nunca erre, que seja super-responsável, ou politicamente correto, que não passe "vergonha", cultivando desentendimento com todas as pessoas com quem se relaciona, por isso o vaidoso, o mimado e o orgulhoso sentem ódio de todos aqueles que sejam ou pensem diferente deles.

A maturidade em respeitar as diferenças

Imagine se houvesse repetição nas imagens, sons, odores, formas e sabores que experimentamos a cada dia. Como seria? Não teria sentido comprar pastel naquela determinada feira, já que todo pastel seria igual a qualquer outro. Nossas roupas não teriam nada de especial, nem nossos passeios, pois não haveria diferentes cores, todas as viagens seriam parecidas, até os animais teriam a mesma forma, as plantas seriam todas iguais e as pessoas também teriam os mesmos rostos a ponto de mal conseguirmos nos distinguir uns dos outros. Essa ideia de "igualzinho" nos parece estranha porque tudo o que nos cerca no mundo é diferente. Isso significa que a natureza não conhece o que é repetição, não conhece nada que seja igual, pois tudo é diferente, não é mesmo?

O fato é que existem diferenças em tudo o que se apresenta na vida e no mundo. Então, por que queremos padronizar e igualar as coisas como se dependêssemos de um único modelo para tudo? Por exemplo, ensinam-nos que existe apenas uma maneira de educar, uma maneira de constituir um lar, de fazer o bem, de pensar, de agir, de amar, de ser;

enfim, de viver e ser feliz. Quando adotamos essas ideias, não estamos em sintonia com a natureza, com a inteligência evolutiva do Universo — não existem nem mesmo duas impressões digitais iguais.

Contudo, se achamos que existe apenas um único jeito para tudo, naturalmente criticamos tudo aquilo que difere do padrão, do modelo; assim, começamos a nos criticar, a nos comparar e a criticar as pessoas que têm diferentes opiniões ou agem em desacordo com a nossa posição, atribuindo diferentes valores sobre vários assuntos, como: religião, sexualidade, política, arte, relacionamentos, afetividade, entre outros.

Se não criticamos verbalmente a pessoa, ficamos incomodados e as criticamos internamente. Quase nunca notamos, mas achamos normal criticar. Até quando fazemos reuniões com os amigos, contamos histórias e piadas envolvendo diferenças pessoais que nos incomodam nas pessoas, a quem chamamos de "brega", rimos sem parar e, mesmo que por brincadeira, dizemos:

— Você acredita que ele falou isso?

— Como é que alguém pode se vestir como aquela "perua"?

— Que cafona a cor do carro dele...

— Olha como aquela mulher é safada, sai com um rapaz que é dez anos mais novo que ela!

— Não sei como você não gosta dessa comida...

Se prestarmos mais atenção nos "programinhas" do normal, notaríamos que eles estão instalados em nosso íntimo (subconsciente), compondo as crenças e condicionamentos que preservamos por tempo indeterminado. Por um lado, observamos nossa autocrítica, arrogância e imaturidade perante o mundo ao enxergá-lo por uma ótica viciada; por outro lado, a maior parte acha que deveríamos ter uma opinião formada sobre todos os assuntos, por isso julgamos as atitudes das pessoas e criamos um conceito preestabelecido sobre diversos assuntos, ou ainda defendemos irredutivelmente um conjunto de ideias e valores. Tudo isso para sermos considerados (em nossa vaidade) pessoas de atitude, de caráter, de personalidade e nos sentirmos seguros diante da sociedade.

Sabemos que não é possível ter conhecimento sobre coisas que não fazem (ou nunca fizeram) parte de nossa realidade. Por exemplo, como homem, eu posso tentar me colocar na posição de uma mãe; contudo, o máximo que conseguirei será chegar a alguma coisa próxima, mas que definitivamente não será o mesmo que viver a experiência de uma mãe. O mesmo acontece com a mesma mulher, que, por mais que se esforce, não poderá se colocar na posição de um terapeuta homem, tentando orientá-la quanto à sua problemática com os filhos ou com seu marido. Em alguns casos, quando alguém diz "Você não sabe pelo que eu estou passando", respondemos de volta "Ah, sei sim", ou ainda "Eu imagino o que seja".

Quando tentamos dar uma resposta, fazemos isso para tentar dar apoio ou confortar alguém. Na verdade, sempre respondemos de acordo com nossas experiências, nossas sensações a respeito do assunto, mas elas, embora verdadeiras, são muito individuais, muito particulares para serem consideradas universais. Pior é quando não passamos pela experiência e damos uma resposta com base naquilo em que acreditamos sobre o assunto, sem ter vivido algo parecido.

Falando sobre as diferenças em geral, sabemos que tudo é diferente e dizemos mundo afora que respeitamos as diferenças e as pessoas como elas são. Será que respeitamos de fato?

Até agora, estávamos falando sobre as diferenças em geral num contexto social. Mas, ao avançarmos mais profundamente, passando pelos relacionamentos profissionais e familiares até chegarmos ao afetivo e conjugal, como devemos lidar com essas diferenças?

Antes de começarmos, você já aceita as diferenças presentes nas pessoas da sua casa? Será que as aceita mesmo? Ou pelo menos respeita as diferenças que fogem do "normal", como, por exemplo: o filho agitado, o pai que não conversa, a mãe que não mima, o irmão que não lhe visita, o tio que não se fixa em nenhum emprego, a criança que não sente fome na hora do almoço.

Quando não aceitamos as diferenças, um simples dia de frio pode ser motivo de discórdia, pois, se o filho ou o marido não querem usar uma blusa porque não sentem frio, a esposa sai com a sua e mais duas blusas, tentando convencê-los a vesti-las. Assim, quase sempre aquele agradável jantar se afasta cada vez mais de seu propósito inicial, dando lugar às reclamações e disputas pelo "poder" e pela "razão", conforme citamos nos capítulos anteriores. Assim também acontece quando usamos um agasalho num dia mais quente e as pessoas nos perguntam:

— O que acontece com você?

— Está doente?

— Não está com calor?

— Me dá aflição te ver com essa roupa quente neste calor.

Com relação às diferenças, devemos notar que é muito comum dizermos que aceitamos ou respeitamos as diferenças, mas verdadeiramente não somos maduros o suficiente para isso. Quantas vezes você já repetiu as frases que citei como exemplo agora? E o caro leitor pode estar imaginando:

— Ah, mas isso que é dito nos exemplos não é tão grave, pois é uma coisa muito pequena.

Eu concordo, mas como acha que respeitaremos alguma diferença maior se nem as menores conseguimos respeitar? Devemos, sim, começar praticando o respeito e a aceitação pelas pequenas coisas.

Imagine como é importante para as pessoas que convivem juntas saberem lidar com as diferenças em sua vida afetiva. Quando os namorados ou cônjuges se propõem a eliminar, ou mesmo a diminuir significativamente, a falta de respeito mútua e decidem iniciar um processo de aceitação de suas diferenças e consideração entre si, a vida a dois começa a melhorar significativamente. Sugiro alguns passos iniciais, mas, antes de respeitar ou tolerar as diferenças, é fundamental observar na prática diária que elas existem, pois as brigas, as discussões e a falta de entendimento surgem quando percebemos alguma contrariedade na maneira de ser da outra pessoa que queremos mudar a qualquer custo.

Então, mãos à obra! Responda: Você é capaz de gostar das pessoas pelo que elas são, ou apenas pelo que gostaria que elas fossem?

Obviamente, será mais fácil ter maturidade para respeitar as diferenças se houver entendimento, se gostarmos das pessoas como elas são. Por exemplo, se você é capaz de respeitar que seu marido gosta de jogar futebol, baralho com os amigos, ou, no caso do marido, se ele for capaz de aceitar que a esposa gosta de se divertir recebendo visitas ou passeando com suas amigas, certamente será mais fácil aprender a tolerar as diferenças sem querer mudá-la, e muito provavelmente se sentirá melhor não apenas em casa, mas também no trabalho, com os amigos ou em qualquer outro grupo, pois sempre que as pessoas se sentem respeitadas, acabam também respeitando o próximo.

Por outro lado, se não é capaz de respeitar, logo desejará mudar o próximo, achando que sua felicidade ou infelicidade no relacionamento está associada às diferenças de cada um, o que é um absurdo! Por exemplo, muitas vezes encontrei casais falando:

— Nos separamos porque éramos muito diferentes...

— Incompatibilidade de gênios.

Claramente, a incompatibilidade não é de gênios e, sim, de aceitação e respeito às diferenças. Inclusive, geralmente é o próprio "genioso" (arrogante, mimado) que diz as frases acima, pois queria que o outro fosse diferente, tendo os mesmos valores que ele, assim poderia fazer apenas o que quisesse, sem considerar o outro.

Definitivamente somos diferentes: para começar, um é de natureza masculina, outro de natureza feminina (no caso de relacionamento heterossexual); então, de início, há uma necessidade de conhecer algumas diferenças básicas do perfil psicológico e emocional de ambos os sexos e suas tendências, que nesta obra seriam difíceis de exemplificar. Para isso, seria necessário um outro livro apenas para enumerar e explicar as principais delas, como, por exemplo, a importância do sucesso no trabalho, da relação sexual e da sustentação do lar para o homem, assim como a importância do casamento, da atenção em forma de conversa (discutir a relação) e do entendimento afetivo para a mulher.

Além dessas características vindas da condição de gênero, existem diferenças entre as famílias em seus contextos culturais, seus valores sociais e educacionais, que antes compunham a qualidade do ambiente em que conviviam. Por exemplo, existe muita diferença se na casa do homem tudo era resolvido no entendimento, ou se eram mais passivos e não podiam se expressar com medo de serem castigados, e na família da mulher tudo era resolvido com muita repressão de uma mãe "general" que resolvia tudo na base da gritaria e da confusão desde a infância. Imaginem que, no casamento das pessoas descritas acima, cada um tem seus próprios "planos de mudança" para o outro e, nesses "planos", cada um acha que o outro vai mudar e se comportar como um deseja, só pelo pretexto de "amá-lo". O que imagina que aconteceria?

As pessoas agem como se não houvesse necessidade de diálogo para saber do que mais gostamos ou não, diálogo sobre nossas possibilidades e limites em cada circunstância. Se agem dessa forma, não querem assumir um compromisso com o relacionamento, com o bem-estar comum. Como pode haver uma boa relação afetiva dessa forma?

É no mínimo inocente dizer que um relacionamento se findou porque as partes são muito diferentes. Seria mais honesto dizer que cada um foi *deficiente ao tolerar as diferenças alheias*, ou que, naquele caso, não compensava, pois já não era mais interessante tolerar as diferenças do outro pelo que se recebia em troca, ou até mesmo pelo que não se recebia.

Sempre gosto de citar o exemplo da diferença nos códigos de amor, em que cada indivíduo expressa seu sentimento com base naquilo que entende, naquilo que consegue. Veja como podemos encontrar uma mulher preocupada com o marido, fazendo 20 ligações telefônicas diárias, dizendo a ele que o faz em "sinal de seu amor". Uma outra mulher ciumenta e insegura (apegada) também pode fazer o mesmo com o marido, assim como uma mãe apegada também toma atitudes parecidas com seus filhos, mostrando como é sua "maneira de amar".

Em sua maioria, os homens mostram "seu amor" ao darem aconchego, cuidarem das contas do lar, darem presentes a seus filhos ou até orientarem e conversarem com eles. Podem ainda demonstrar seu código de amor quando fazem algo que sua esposa quer, mesmo a contragosto, sem verbalizar o descontentamento, e por isso dizem "amar" um ao outro. Nesses casos, destaco o verbo amar entre aspas pela particularidade do significado, não porque existe *jeito certo ou errado* de amar.

Vale a pena ressaltar que, nessa linguagem de códigos, cada um espera do outro um tipo de amor correspondente àquilo que oferecem. Aí a confusão se intensifica, uma vez que cada um entende seu próprio código e quer receber o mesmo que oferece. No entanto, olhar para a diferença dos códigos e compreendê-la é fundamental para que essas pessoas *vivam melhor seu afeto a dois sem se afetarem tanto*.

Como ressaltamos no início do capítulo, o que mais existe no mundo todo são as diferenças, e elas estão presentes não apenas no casamento, mas também, e principalmente, na profissão, nas relações com os vizinhos, com amigos. Agora eu lhes pergunto:

— Como você aguenta seus clientes no trabalho, pessoas "chatas", chefes "insuportáveis" e, por vezes, sabe até trabalhar muito bem a situação a seu favor, mas quando chega em casa não consegue ter dez minutos de harmonia com quem diz amar? Ah, você acha que só pelo dinheiro e pelo emprego poderá sofrer desvantagens se não for tolerante?

É, sinto dizer, mas você é intolerante em seu relacionamento afetivo porque não enxerga o que está perdendo, ou acha que, como conquistou seu cônjuge uma vez, nada mais é preciso, assim deve achar que você não tem nada a perder. Será que é isso mesmo? Será que, se o relacionamento acabar, o outro é quem mais sai perdendo, pois você é ótimo? Veja a que ponto chega a nossa arrogância e pretensão...

Daqui por diante, é melhor reavaliarmos nosso nível de tolerância às diferenças e identificarmos com o que, onde e para que a estamos utilizando, pois, por mais que haja amor, se não houver respeito e tolerância, a relação chega à ruína.

Também temos o direito de não gostar de certas posturas, mas o fato é que geralmente não assumimos do que não gostamos e não nos posicionamos para resolver a questão, pois achamos "chato" expressar o que sentimos verdadeiramente. Quando isso acontece, somos radicais: ou "engolimos" nossa opinião, nossa verdade, ou aceitamos passivamente e nos acostumamos a viver com a opressão de não nos permitirmos ser nós mesmos, culpando os outros pela nossa infelicidade e insatisfação. Contudo, não deixamos de tentar modificar a outra pessoa para que seja mais fácil para a nossa vaidade e nosso comodismo; assim, não precisamos nos indispor ao falar a verdade, porém nos machucamos lentamente ao longo dos anos, o que traz desgaste e frustração a dois.

Qual será a solução para a imaturidade da não aceitação das diferenças? O simples fato de observar o panorama descrito acima nos estimula a agir de forma diferente, tolerando e aceitando as diferenças. Isso sem contar que a outra pessoa também pode estar tolerando diferenças que nem mesmo você consegue enxergar. Por mais difícil que seja, você teria coragem de admitir que seu parceiro ou parceira é ótimo(a) por suportar alguns de seus defeitos que, muitas vezes, nem você mesmo consegue suportar? Se for verdadeiro consigo mesmo, sabe que há dias em que não nos aguentamos e, assim mesmo, obrigamos que o cônjuge nos suporte, não é? Então, vamos "pegar leve".

Não existe escapatória. Para desenvolver a tolerância e maturidade em respeitar as diferenças, é necessário investir primeiramente na paciência ("paz" com "ciência", ou se preferir: "consciência na paz") para a aceitação. Isso é diferente de conformismo: "vou fazer para não dar problema", pois a passividade gera outras complicações que influenciam o bem-estar e a comunicação do casal, pois, quem não expressa sua verdade, sua opinião, sente o desrespeito consigo mesmo por meio da incompreensão do outro, fica desmotivado, sente-se incompreendido e acha-se vítima da situação, já que a atitude conformada e passiva resulta na falta de intimidade com o parceiro afetivo.

No entanto, se você é conformado, sente-se vítima do parceiro, pois não se coloca nos assuntos e não se faz esclarecer por medo de causar conflitos, ignorando o conflito que já causou dentro de si mesmo. Certamente sente-se desrespeitado por si mesmo porque não aprendeu a valorizar aquilo que sente.

Se o fato de ser paciente e aceitar é diferente de se conformar, como fazer para respeitar as diferenças?

Não existe nenhuma relação no universo que não precise ser nutrida para crescer. Nem no ecossistema, nem na natureza, nem na economia e na política de "boa vizinhança" entre os países, nem no corpo humano, nem nas empresas multinacionais poderia haver qualquer relação que sobrevivesse sem que houvesse investimento. Tanto como é importante aguar uma planta para que ela se desenvolva e cresça saudável, é preciso "regar" o relacionamento com diálogo, conversa, confiança e até negociação, para que ele dê frutos saudáveis.

A seguir, apresentaremos outras sugestões para nutrir e preservar o bem-estar no relacionamento visando ao sucesso afetivo e conjugal. Por ora, procure descobrir as bases em que o seu relacionamento foi fundado (no entendimento, na calma, no xingamento, na gritaria, no perfeccionismo, na resignação, etc.) e procure desenvolver a paz.

4. A possibilidade de sucesso no amor

Depois de tudo o que abordamos ao longo desses capítulos, podemos conversar mais abertamente sobre as verdadeiras possibilidades de se construir alguma coisa mais sólida no que diz respeito ao relacionamento afetivo. Não apenas socialmente sólida, para que não haja separação e destruição do lar, mas humanamente, para que haja mais prazer e bem-estar com quem convivemos, mais entendimento, acordos de paz, mais carinho e, principalmente, mais vontade de estar junto um do outro, de crescer ao lado da pessoa amada.

Algumas vezes, a solidez é estabelecida de forma contrária à qual esperamos, como acontece em qualquer acordo entre sócios, seja nos relacionamentos de amizade ou na profissão, em que se faz necessário o término da relação para preservar a integridade emocional, moral e psicológica dos envolvidos (ou física, quando lamentavelmente existe agressão). A sinceridade em admitir que ninguém merece sofrer, fazendo valer-se do livre-arbítrio para interromper um relacionamento em situações em que não há mais solidez, que não existam mais objetivos em comum, faz-se prevalecer, num caso ou noutro, a paz e a tranquilidade, gêneros de primeira necessidade para qualquer ser humano.

Antes de apresentar qualquer assunto, gostaria que o caro leitor se lembrasse de suas primeiras impressões sobre relacionamentos. Mais do que alguma experiência infantil ou de adolescência, como era a sua relação com seus pais quando criança?

Primeiramente, você deve achar que não se lembra, e nesse momento sei que estou atuando numa área cuja carga emocional é bem forte; no entanto, tudo aquilo que desde muito cedo é captado, é também sentido e registrado em nós. Mesmo que não se recorde, desde a vida intrauterina, ou até mesmo antes, trazemos impressões do ambiente em que vivemos. Mas você deve estar se perguntando aonde quero chegar com essa pergunta e com esse tipo de lembrança. Acalme-se, aproveite para desenvolver a paciência!

Preste atenção neste exemplo: vamos considerar dois bebês, cada um dentro do útero de sua mãe. Um deles sente o carinho, a ternura de uma mãe que sempre quis passar pela experiência da maternidade; o outro, por sua vez, está em outra situação, pois o casal já não estava em boa sintonia e acabou tendo uma "surpresa" com a gestação. Será que isso não faz nenhuma diferença? Após o nascimento, como será o ambiente em que este bebê se desenvolverá? Mesmo que o filho seja adotado por outra família e seja bem criado, perceberá energeticamente o ambiente familiar e, por mais que possamos não gostar de admitir, as informações percebidas no ambiente conjugal serão de grande valia para as relações afetivas que o bebê estabelecerá não apenas no futuro, mas também no presente imediato, nas relações com os pais, irmãos, parentes e amigos.

Ressalto enfaticamente que de nada adianta culpar os pais ou as pessoas que cuidaram de nós na infância, e também não significa que o fato de termos vivido em ambientes com problemas e certos destemperos tenha gerado "traumas", ou problemas irreversíveis, pois normalmente quase todos nós fomos criados por pessoas problemáticas, que carregavam e ainda carregam seus problemas para onde vão, até que consigam enxergar isso e fazer diferente.

Note como as pessoas só podem ofertar o melhor que sabem a cada momento. Assim mesmo, crianças que tinham tudo para levar adiante muitos problemas e transformá-los em "orgulho ferido", em lembranças negativas inesquecíveis, superaram "traumas" por já terem consigo ou por aprenderem a desenvolver em suas vidas uma personalidade mais amena, porém firme, forte e autorresponsável.

Com a pergunta acima, quero apenas que se lembre do ambiente em que viveu, não importa se era com seus pais, ou sem um deles, se foi com um avô, tio, irmão, se você foi adotado ou não. O que importa é:

— Que impressão você tem hoje ao se lembrar de sua família quando era criança ou adolescente? Havia muitas brigas? Seus pais conversavam pouco ou muito? Gritavam, discutiam, ou não se falavam?

É importante que tome nota dessas informações para que possa ler de vez em quando e perceber que o conteúdo trazido daquela experiência poderia ajudá-lo a se compreender melhor. Vamos aprender a nobre lição de nos mostrar aprendizes diante dos fatos que acontecem conosco, sabendo revertê-los em prol do nosso próprio aprendizado e evolução como seres humanos. Essa atitude certamente nos fará crescer emocionalmente e em nossos relacionamentos.

O que, por exemplo, você poderia aprender em uma casa onde todos gritam e berram? Talvez aprenda o quanto vale o silêncio, a concentração e que tal atitude é demasiadamente desgastante para agir nessa constante.

Então, o que poderia aprender em uma família quieta que, quando está em guerra, fica em silêncio e faz cara feia? No mínimo, aprenderia que calma e paz não são o mesmo que passividade; mesmo quieto, você pode criar mágoas se não expuser o que sente diante do outro. Tomara que não precise aprender na prática que essa falta de expressão pode tomar forma, criando sérias doenças. Existe uma frase conhecida, que uso em minhas palestras e cursos, para que você não se esqueça desse último exemplo: "Quem não se exprime, se reprime!".

Acabo de me lembrar de um casal recém-casado que me procurou antes mesmo do casamento. A família da moça era daquelas que falava alto, que nas festas reunia todos os parentes, e cantarolavam, berravam. Ao contar suas histórias, tornavam a situação exagerada, destacando os fatos trágicos ou marcantes, e chamavam isso de alegria e espontaneidade. Quando discutiam, eram impositivos e ativos para dar ordens, educar, disciplinar. As normas eram dadas com austeridade e aos gritos, pois entendiam que isso era respeito.

A família do rapaz era diferente, pois pouco falavam, pouco viam os parentes, que eram de outra região do Brasil; assim, entendiam que alegria era ter a companhia um do outro sem muitas visitas. Quando se reuniam com os parentes e amigos, faziam festas conforme gostavam, sem muito barulho e sem estarem necessariamente sempre todos juntos; para eles, isso era sinônimo de felicidade, alegria.

Ao dar ordens, os pais explicavam calmamente, com atenção e sem gritar, pois, assim, estabeleciam um tipo de harmonia entre seus membros, e a isso chamavam disciplina e respeito.

Depois de casarem-se, ambos não sabiam o porquê de não conseguirem se entender quando faziam de tudo para estarem alegres e para terem respeito mútuo. Cada um tinha conceitos diferentes do que era estar feliz ou alegre, e do que era respeitar, pois haviam vivido em ambientes muito diferentes, mas esperavam que o outro lhe desse o tratamento que a família antiga daria; assim, decepcionavam-se mais a cada dia por não entenderem os diferentes códigos, com diferentes significados e valores que atribuíram a diferentes coisas às quais davam os mesmos nomes.

Para eles, o significado de férias ou descanso também era muito diferente: enquanto ela queria sair, passear, viajar, ele queria ficar em casa, literalmente descansando, em repouso, assistindo à televisão, fazendo um programa caseiro. E por não entenderem que esperavam situações diferentes na mesma ocasião, discutiam e brigavam mais do que nunca nesses momentos, que deveriam ser de lazer. Veja que, nesse caso, férias nem sempre era sinônimo de diversão, muito pelo contrário.

Essa passagem lembra-me dos exemplos bem-humorados das queridas professoras Maria Aparecida Martins e Lousanne de Lucca:

— É como se debaixo de um pé de jabuticaba alguém esperasse afoito que caíssem morangos!

O descompasso da situação ilustrada acima acontece porque conhecemos apenas um tipo de relacionamento, no qual devemos gostar de tudo aquilo que o outro gosta, de frequentar os mesmos lugares que o cônjuge gosta e, principalmente, não ir a festas ou viagens se o outro não gostar ou não for. Pelo contrário, deve-se sentir culpa por querer ir, isso sem contar que o outro poderá implicar com sua conduta, mudar o clima, ou até fazer "vingança" quando o outro menos espera.

Da forma como vivemos, só conhecemos o relacionamento imaturo em que devemos corresponder às condições e exigências da pessoa "amada". É o que chamo de relacionamento prisioneiro, no qual não se pode ser o que é, falar o que realmente pensa ou sente; é como se seus pais, na adolescência, mudassem de nome e aparência para se casarem com você. Depois de algum tempo, acabariam percebendo que atraíram pessoas manipuladoras e controladoras para se relacionar, inclusive bem parecidas com seus pais, só que com o pior lado deles. Mesmo que, à primeira vista, pareça confuso entender, é evidente a sensação dos casais ao sentirem que o cônjuge o reprime, impõe ordens, quer considerações e satisfações, tal como seus pais faziam, ou de maneira muito similar.

Daqui por diante, falaremos sobre as possibilidades de sucesso afetivo e conjugal com base nas formas de relacionamento que sempre cultivamos na educação, dando dicas de como transformá-las, sempre que necessário, a favor do nosso próprio bem-estar e da paz em comunhão.

Amizade é amizade, namoro é namoro!

Como temos desenvolvido desde o início deste livro, sempre acreditamos e nutrimos ideias que, com o tempo, tomam forma e acabam orientando nossas vidas. Uma das ideias que mais se cultiva nos relacionamentos afetivos é a de que amizade é amizade, namoro é namoro, e que, além disso, as duas coisas não se combinam.

Aqueles de quem gostamos como amigos são diferentes daqueles com quem pretendemos namorar; portanto, damos a ambos um tratamento bem diferente, de forma a distanciar a nossa amizade das pessoas que amamos. Isso é tão frequente que acontece de forma automática, quando percebemos que com os amigos podemos dizer tudo o que queremos e pensamos, ficar à vontade, enfim nos permitimos ser apenas nós mesmos (humanidade, humildade). Já com aquela pessoa que queremos namorar, não podemos ser tão amigos, pois sempre acreditamos (até hoje) que, dessa forma, iremos estragar o relacionamento afetivo ou até mesmo a amizade se, futuramente, não der certo um namoro.

Afinal, imagino que essas ideias tenham se fundamentado na observação de que, depois de unidas desde o namoro até seu casamento, a maioria das pessoas não tem mais amizade com seus parceiros, perdem o coleguismo, deixam de ser quem verdadeiramente são, nem conseguem manter amizades antigas (por ciúme e insegurança do outro), tanto que, em alguns casos, não é permitido nem sorrir para qualquer pessoa.

Essa condição difere muito da amizade, pois quanto mais amigos na turma, melhor, e ninguém precisa cobrar afeto, atenção, pois são sentimentos e atributos gratuitos a quem se quer bem. Sempre se soube que a amizade é diferente do namoro; por isso, é uma grande gafe ficar ou namorar uma pessoa muito amiga, sem querer saber o porquê; simplesmente, aceita-se que, entre namorados é de uma forma e entre amigos, de outra.

Provavelmente, essas ideias surgem da insegurança em ser si mesmo, de se mostrar como é, por temer a desaprovação do outro, para que não veja o que nós mesmos não queremos ver. Trata-se de alguns pontos fracos que são comuns a nós, humanos, como: intolerância, medo, ansiedade, complexos ou qualquer outro atributo que classificamos como defeito, pois, além da desaprovação, achamos que, se o cônjuge nos olhar como realmente somos, com todas as nossas qualidades e defeitos, seremos criticados e, em seguida, rejeitados.

Todavia, os múltiplos personagens que mantemos também carregam os mesmos defeitos; porém, podem demorar um pouco mais para serem notados, mas não ficarão escondidos para sempre como imaginamos. Após algum tempo de convivência, quando não podemos mais encobrir qualquer fraqueza, ela vem à tona, pois há muito tempo foi reprimida e, agora, com o cansaço de se manter a farsa, surge de forma exagerada (neurótica). Então, o parceiro diz:

— Você mudou muito!

— Achei que você fosse diferente!

— Você me enganou, é uma brasa coberta de cinzas.

— Você é um lobo na pele de um cordeiro.

Isso significa que a pessoa sempre foi daquela maneira, mas "encobria" algumas coisas (consciente ou inconscientemente) para fazer um tipo agradável, porque com a pessoa amada não nos mostramos como realmente somos; queremos nos mostrar educados, sensíveis, pacientes. Dessa forma, contraditoriamente, não somos amigos da pessoa amada.

Façamos um paralelo: com os amigos, pelo menos com os melhores amigos, contamos tudo como realmente aconteceu, mostramo-nos como realmente somos, falamos aquilo que estamos pensando, bem diferente do caso citado acima. Com eles, mesmo quando não gostamos de alguma coisa, podemos ser polidos, educados para expressar o nosso desconforto, indignação, seja frente a alguma cobrança, seja para estabelecer algum limite. O fato é que os verdadeiros amigos sempre nos entendem em qualquer situação.

Na verdade, seja na relação conjugal, seja na relação social, não gostamos de ser cobrados por amigos chatos, que sempre querem atenção e são dependentes, apegados. Quando isso acontece, evitamos a amizade, mudamos o foco da conversa e nos esclarecemos com a pessoa em questão. Mas quando vivemos essas situações num namoro, achamos normal dar satisfação, atenção a toda hora e cobranças; se não falamos alguma coisa, fica um receio de que o outro descubra e venha cobrar por que não contamos antes.

Por que contamos antes para os melhores amigos? Por que os namorados, maridos ou esposas são os últimos a saber?

Veja como fundamos nosso relacionamento na repressão, na neurose, no fingimento ao esconder a verdade. Depois, temos discursos moralistas de que somos sinceros e queremos nos relacionar com pessoas sinceras.

— Ah, que mentira! Pare de mentir para si mesmo!

Conheço muitos casos em minha própria família de casais que já comemoraram bodas de prata, bodas de ouro e têm uma vida conjugal, mas não afetiva. Sendo assim, o marido esconde da esposa seus rendimentos, suas expectativas quanto à sua vida profissional, seus desejos sexuais, e esta, por sua vez, esconde suas vontades, sua vida sentimental e afetiva. Desse modo, deixam em segundo ou terceiro plano a amizade entre ambos, porém mantêm ao máximo aquela amizade que suporta a companhia do outro, que aguenta a pessoa que está ali, que torna suportável "carregar aquela cruz".

Paralelamente, a amizade que temos com os grandes amigos é muito diferente, pois eles nos entendem completamente, aceitando qualquer característica que pareça defeito, e muitas vezes acham que "nossos defeitos" (risada, jeito estabanado, gargalhada, timidez, "boca solta", jeito espalhafatoso) são o nosso charme e, sem eles, não seríamos tão nós mesmos.

É, acho que iniciamos nossa vida afetiva de forma errada, pois não aprendemos a ser amigos daqueles com quem convivemos; muitas vezes somos até inimigos do cônjuge. No entanto, gostaria que você percebesse como a ideia de que não pode haver amizade nas relações amorosas nos acompanha desde cedo.

Você se lembra que desenhávamos, quando criança, um coração para simbolizar amor por alguém? Vamos supor que o "Fulaninho" sentisse amor pela "Fulaninha" e quisesse expressá-lo. Então, ele colocava seu nome dentro de um coração e, em seguida, o nome dela. Até aqui, não vejo nada de ruim. No entanto, há outro símbolo que denota a falta de amizade, ou até mesmo estimula a inimizade, mesmo que de forma "subliminar". É o que chamamos de *versus*; ou seja, se em vez de escrever "Fulaninho" e "Fulaninha", ele escrevesse "Fulaninho" x "Fulaninha", seriam agora adversários, como nos jogos de futebol entre dois times. Vejam o exemplo abaixo:

Nesse momento, acredito ter refrescado a memória daqueles que não se lembravam mais dos velhos tempos. Como pudemos ver, mesmo as crianças já representavam simbolicamente a distância que atualmente observamos na vida afetiva a dois. Em nossas falas, dizemos querer felicidade, mas será possível ser feliz sem amizade na relação afetiva?

Quantas brigas, jogos de poder, cobranças, picuinhas, chantagens, desaforos até hoje os casais praticam entre si? Como já abordamos no Capítulo 2, ter razão para ser o "dono da verdade" é totalmente oposto ao bem-estar e à felicidade que buscamos num relacionamento! Nesse momento, se queremos paz como dizemos, temos que fazer uma escolha: ter razão ou ser feliz. O que você escolhe? Seu orgulho, que quer sempre estar certo e ter razão, ou sua felicidade, que assume a humildade de saber que as pessoas, assim como você, são apenas o melhor que podem ser?

Se não fizermos essa última escolha, por mais que queiramos instalar a paz e conquistar felicidade agindo de forma contrária, nunca poderemos construir um ambiente de paz, e, sim, de guerra, de briga, de desentendimento, como há tempos observamos nas relações afetivas. Por isso, convido o leitor a modificar essa impressão; do contrário, a guerra e o conflito se tornarão rotineiros, como um esporte diário, na proporção em que os treinamos e os alimentamos.

Para fazer a diferença, sugiro antes que hasteie a bandeira da paz no relacionamento. Para isso, basta você escolher construir sua vida conjugal alicerçada na felicidade e na amizade com o parceiro, na possibilidade de resolver até as mínimas coisas com entendimento e diálogo constante (conferir mais adiante, neste mesmo capítulo, o item "Aceitação e diálogo: na hora H prefira a conversa à discussão").

Para facilitar o início da sua nova perspectiva não apenas nos relacionamentos afetivos, mas também nos interpessoais e profissionais, tenho algumas boas dicas: mentalize algumas frases para que você comece a desinstalar os velhos programas, reinstalando a amizade, a paz e a harmonia em seu relacionamento afetivo:

— A partir desse momento, meu projeto de vida é SER FELIZ!

— Não quero mais apenas TER RAZÃO!

— Caso eu esteja descontente, vou primeiro assumir o que estou sentindo. Vou contar com o meu parceiro como meu melhor amigo para conversar e expor minha posição, pois é com ele que eu vivo (ou pelo menos vou conversar sobre a possibilidade desta cumplicidade de agora em diante).

— A cada dia vou investir em ser o melhor amigo do meu cônjuge.

— Vou aprender a estabelecer acordos, como aqueles que eu firmo com os amigos de verdade, sem medo de ser rejeitado ou mal compreendido.

— Serei sempre o primeiro a instalar a PAZ, não esperando que o meu parceiro mude o comportamento para que depois eu mude.

Claro que apenas dizer essas frases, sem compreender o *teor metafísico* nas entrelinhas, não surtirá efeito, uma vez que se reprogramar para a AMIZADE e PAZ na vida afetiva consiste em se enfrentar diante do outro, sendo que, quanto mais nos relacionarmos, mais conheceremos a nós mesmos.

Apesar dessas boas dicas, vamos continuar observando algumas características da vida afetiva nos tempos modernos que ora facilitam, ora dificultam a convivência a dois, tentando modificar os ideais que criamos consciente ou inconscientemente a fim de fazer com que *o nosso mundo afetivo real com a pessoa amada possa valer a pena.*

Não confunda amor com necessidade: o fim do mimo e do apego

Nosso projeto de vida deve estar sedimentado na realidade e, por isso, é necessário desenvolvermos a habilidade de olhar para a verdade e assumir que temos ilusões que nos prejudicam muito. Conforme vimos anteriormente, o mimo e o apego são ilusões que temos quando nutrimos o amor condicional, possessivo, neurótico, pois queremos do outro aquilo que não damos a nós mesmos.

Nesta parte da nossa conversa, como já conceituamos o amor neurótico e condicional, vamos olhar com coragem para dentro de nós para identificar nosso mimo, apego e outros pontos fracos. Sei que de início fica difícil admitir que você nutriu o amor condicional; no entanto, se for honesto e verdadeiramente humilde consigo, descobrirá que ainda existe mimo, apego e expectativas com relação ao parceiro. Assumir seus pontos fracos é fundamental para conseguir sucesso no relacionamento, principalmente se você é o mais incomodado em sua situação afetiva.

Antes de nos queixarmos do outro, dizendo que ele não muda, temos que perguntar se nós também não estamos descomprometidos com nosso bem-estar, se vamos ficar esperando a vida toda para sermos felizes, ou se realmente vamos investir em mudar nossa visão e nossa *cabeça ruim,* que vê apenas os defeitos do mundo e não se percebe.

Se não tivermos uma cabeça boa para o relacionamento, não será possível instalar a amizade, a paz, a harmonia. Seria como tentar instalar um programa novo num computador antigo, arcaico. O que pode acontecer? O computador não reconhece, não obedece aos comandos, pois precisam ser adaptados à sua linguagem, necessitando atualizar alguns aplicativos. Por isso, antes de ter um bom relacionamento, ou uma cabeça boa, é preciso identificar como está sua cabeça para o relacionamento, ou seja, descobrir suas fraquezas (mimos, neuroses, apegos, conformismos) para depois fortalecê-las, seguindo alguns passos:

- 1º **passo:** querer mudar.
- 2º **passo:** identificar suas fraquezas (mimos, apegos, orgulho).
- 3º **passo:** observar e assumir seus pontos fracos.
- 4º **passo:** transformar sua visão e melhorar consigo mesmo, saindo da postura de vítima e passando à postura de autorresponsável.

5º passo: atuar no relacionamento sob uma nova perspectiva.

6º passo: traçar novos acordos, renovando os contratos com o cônjuge.

Você consegue perceber que espera tudo do parceiro, que cultiva o amor neurótico que cobra e depois dá a entender que, em troca, oferece sua companhia, seu carinho, sua consideração, sua amizade, seu apoio?

Agimos como se o amor e a atenção alheios fossem preencher as necessidades do outro e, assim, se manteriam estáveis por muito tempo! Se isso fosse verdade, já teria suprido suas necessidades, pois há muito tempo as pessoas vêm tentando fazê-lo, e o resultado é sempre igual: tanto quem os faz quanto quem os recebe continua insatisfeito!

Se até hoje você agiu de maneira inconsciente, sempre querendo suprir suas necessidades às custas de quem ama, agora está consciente de mais uma fraqueza, a dependência afetiva, pois estamos vasculhando as ilusões do amor condicional. Aproveite a lucidez e a consciência deste momento para entender que amor não é necessidade!

O amor é o gostar, o sentimento de benquerer por si mesmo, pelas coisas materiais, por determinadas situações, pelas plantas, pelos animais, por outros seres humanos, sejam eles adultos, crianças ou idosos. Quando amamos, podemos ser correspondidos, mesmo que não haja reciprocidade. Alguém pode dizer "eu te amo" e você não sentir o mesmo por esta pessoa, mas, mesmo assim, quem ama, continua sentindo sem precisar ser correspondido se quiser (depende de cada caso).

Diferentemente do que temos falado até agora, quando o amor é incondicional, a pessoa simplesmente ama, mesmo que o objeto, animal ou pessoa amada não esteja dentro dos padrões, das normas e dos figurinos da sociedade.

Existem ideias, verbetes, tabus e ilusões sobre o amor: as fantasias do "amor de verdade", o que seria esse sentimento, quem o sente, quem finge que sente e não sente, quem não sente e finge, quem finge que sentiu ou não sentiu, quando acontece, se realmente é verdadeiro, falso, adequado, inadequado, etc. Enfim, há muita fantasia acerca do sentimento puro e genuíno que todos já sentimos, e quase todos os dias, por pessoas próximas, parentes, por quem está longe, por animais, plantas e crianças, por quem conhecemos e até por alguns que nem tão bem conhecemos.

O amor não é pensado ou julgado sob normas e condições, é apenas sentido. Falamos que vem do coração para resumir a sensação gostosa e a energia que emana do nosso peito, da essência do nosso ser, do *self*, do "eu" de cada um de nós. Esse amor não pergunta o que ou a quem é correto amar, ele só ama, sem impor condições, regras e nem moral; para ele, não importa se você brigou com aquela pessoa ou não; se ele ama, está feito. Tanto é verdade que, se você tiver a coragem de olhar para dentro, para o seu coração, terá uma surpresa, pois mesmo as pessoas que já passaram por sua vida, seja por não estarem mais entre nós, seja por distanciamento físico, psicoemocional, geográfico ou espiritual, se você as amou de coração, "de alma", o sentimento não se apaga; "a cabeça" (mente) tenta se valer de subterfúgios para justificar, mas ainda amamos mesmo depois de um longo tempo.

Por mais que a cabeça venha com seus valores e conceitos, razões e moral, a essência (o *self*) continua amando. Talvez não ame a ponto de voltar a conviver com um ex-marido, uma ex-namorada, ou qualquer pessoa que tenha feito parte de um relacionamento passado se na ocasião percebeu que as afinidades e os objetivos comuns não existiam mais; contudo, o sentimento do amor incondicional é amplo e a "alma ama", mesmo que ainda estejamos magoados com alguém.

Nossa essência é grandiosa, vasta, e o coração, como dizemos, é um órgão muito pequeno para conter a energia de amor incondicional que cada ser possui em seu íntimo. Por isso, ao invés de coração, utilizo as palavras *essência*, *self*, *alma*. Não existe limite do que possa caber em nossa essência, pois o amor pode gostar de tudo aquilo que conhecemos, e até mesmo daquilo que não conhecemos.

Dessa forma, mesmo sem saber sobre um assunto que pode até parecer estranho, se ele soa como verdade nós acreditamos com propriedade, pois nossa essência sempre está nos mostrando o que para nós é a verdade. Isso não significa que amamos a todos sem distinção, como queriam nos ensinar na educação e em nossas crenças religiosas. Mesmo que essa ideia o incomode, o amor é altamente seletivo e só se interessa pelas coisas, pessoas, situações, animais e seres humanos que têm afinidade com a nossa essência, por mais chocante que pareça, por mais que não aceitemos com nossa moral.

Um exemplo claro disso é quando muitas pessoas confessam que amam mais a um estranho do que amaram algum familiar bem próximo. Ou, ainda, têm uma afinidade afetiva com algum recém-conhecido que jamais tivera com um parente de "laços consanguíneos", e que muito perdura.

A necessidade, por sua vez, é diferente do amor; é muito peculiar, muito individual, um *kit* só nosso que jamais qualquer outra pessoa poderia entender, muito menos completar, pois cada qual está no seu corpo, em seu "si mesmo" (*self*), assim como o outro está num "si mesmo" só dele. Por isso, *apenas se* o outro estiver ciente de suas próprias necessidades, poderá aprender a preenchê-las, ou até optar se irá fazer isso ou esperar que o mundo (pai, mãe, amigos, primos, tios, amor, profissão) o faça.

Geralmente, esperamos que os outros supram nossas necessidades para nós, pois desde criança não aprendemos que temos necessidades individuais, únicas, que só nós podemos, e devemos, suprir e assumir. Pelo contrário, como citamos anteriormente, nossos pais faziam de tudo por nós, pois, naquela ocasião, éramos crianças, dependíamos deles. Consequentemente, tomamos como crença básica a ideia de que *todos aqueles que nos amam têm que cuidar de nós*, porque é isso o que conhecemos desde crianças. Tal ideia ainda vem sendo incentivada até os dias atuais e, assim, confundimos amor com necessidade e transferimos todas as nossas necessidades às pessoas que amamos.

De uma maneira neurótica, infantil e vitimista, "amamos" o parceiro dando e fazendo tudo o que conseguimos — e até o que não conseguimos —, na esperança de preenchermos suas necessidades (e é óbvio que não conseguimos). Porém, ficamos aborrecidos e irritados se não tivermos alguma retribuição, não recebermos aquilo que chamamos de "verdadeiro amor".

Se por um lado nos apegamos, mimamos o outro, percebendo os resultados desastrosos que acompanham — tristeza, dor da necessidade do reconhecimento alheio e desapontamento —, por outro queremos o mesmo da parte do parceiro: que ele se apegue e tenha ciúme como prova de amor, que fale que não vive sem nosso amor, que faça tudo para preencher aquilo que chamamos de nossas carências, mas que na verdade são provenientes da nossa falta de atenção e autorreconhecimento. Enfim, da mesma forma que sonhamos, iludidos na pretensão de preencher as necessidades do parceiro, queremos que ele supra as nossas necessidades.

Consideremos que as necessidades são individuais e, portanto, diferentes e específicas a cada um de nós. Nelas estão contidas nossas tendências e diretrizes rumo à nossa realização, como as necessidades de:

    a) ser mais ou menos paciente;
    b) dedicar-se a um caminho profissional empreendedor de líder ou de executivo;
    c) desenvolver uma personalidade mais terna e expansiva;
    d) ser mais direto e introspectivo;
    e) deixar-se seguir seus dons naturais, seja na profissão ou no afeto;
    f) assumir suas vontades;
    g) casar-se e ser mãe;
    h) ser mãe solteira;
    i) ser pai de uma criança adotada;
    j) ser "hippie";
    k) ser brega;

l) formar-se em uma faculdade tradicional;
m) concluir um curso de música ou teatro;
n) deixar-se ser mais sensual;
o) entregar-se a diferentes formas de diversão e lazer condizentes com suas próprias características

Nossas necessidades são únicas e intransferíveis tanto quanto nossas impressões digitais, sendo que ninguém pode realizar por nós a tarefa de nossa essência, nem os parentes, nem os namorados ou cônjuges, por mais que nos amem. Essa é uma tarefa só nossa, e qualquer tentativa de incumbir ao outro tais responsabilidades é pura falta de compromisso com a própria realização e a certeza de relacionamentos repletos de mágoa, tristeza, culpa e decepção.

Acabe com o amor ideal e aproveite o real

Não poderíamos pensar em relacionamentos afetivos bem-sucedidos se não abordássemos esse item, pois nenhum tipo de relacionamento pode progredir sem que enxerguemos a idealização que fazemos das pessoas, o comportamento ideal que montamos e esperamos do cônjuge. Gostaria de abordar o assunto por meio de um exemplo que ilustra como as ilusões nublam nossa visão, como as crenças influenciam nossa realidade e como as alimentamos com frequência.

Veja como grande parte das nossas decepções amorosas pode estar relacionada à imagem que idealizamos das pessoas que amamos, que não são nada mais do que ilusões de como gostaríamos que elas fossem (ou até juramos que são), baseadas em atitudes e crenças do passado:

Luísa é publicitária, tem vinte e cinco anos e há três anos saiu da casa da mãe, que mora na cidade interiorana de Adamantina, SP, para morar sozinha em São Paulo, pois, desde que arrumou emprego, mudou-se de cidade. Sua mãe é separada do pai desde que ela era criança e, como filha única, gostaria de tê-lo conhecido. Sempre admirou os pais de suas amigas, sonhava com um pai que lhe desse atenção, tal como os de suas amigas, dedicados, que lhes davam "de tudo", inclusive apoio emocional e financeiro, tratando-as como "queridinhas"; isso ao menos era o que Luísa imaginava. Com relação à sua vida amorosa, Luísa já estava sem se relacionar havia algum tempo, pois, depois de ter sofrido com seu último relacionamento, decidiu ficar um tempo só até encontrar o "parceiro ideal".

Luísa não admitia, mas em seu íntimo esperava um homem maduro, amigo para todas as horas, que seria seu esteio e suporte psicológico. Ele cuidaria dela e lhe diria o "caminho certo" em tudo o que tivesse de fazer. Seria aquele que a faria se sentir uma mulher de verdade, seria sensível, compreensivo, bonito, mais velho e sensual. Assim era o "homem dos seus sonhos" (fantasia), e, mesmo que Luísa não percebesse, era o ideal de "pai" que ela não teve na vida real, a imagem da figura masculina que ela montou em sua cabeça, que estava presente em seus sonhos, com base no papel que acreditava que um pai deveria desempenhar.

Fisicamente, também tinha seus pré-requisitos, um padrão de preferência: deveria ser louro, alto, um tipo nórdico europeu, que gostasse de dançar, que "valorizasse" a família (que tivesse os mesmos valores que ela e concordasse com todas as suas opiniões) e que seja apaixonado a ponto de não trocá-la por outra, como fizera seu último namorado (ficou sozinha pois, nessa fantasia de mulher traída, "todo homem era desonesto e aproveitador").

Depois que aconteceu a traição, sentiu uma grande decepção, principalmente porque sempre que analisava a vida da mãe, que também fora traída pelo pai, ficava triste observando que, depois da sua separação, não quis mais se casar.

Luísa cultivava a esperança de encontrar aquele que seria "o grande amor" da sua vida e imaginava as situações em que poderia encontrá-lo; contudo, algo lhe dizia que, quando o visse pela primeira vez, logo o reconheceria (fantasia de amor à primeira vista, outra ilusão). Estava ansiosa, querendo saber se demoraria muito até que isso acontecesse, se seria no trabalho, numa festa, na casa de algum amigo, no supermercado da cidade. Não queria ficar muito tempo sozinha, pois achava que "uma mulher sem companhia não poderia ser feliz" (outra crença baseada em condutas sociais).

Um belo dia, durante uma viagem ao interior para visitar sua mãe, parou para um rápido lanche e se sentou ao lado de um belo rapaz, chamado Paulo, que estava debruçado no balcão da lanchonete e dizia ao atendente:

— Não, pode deixar! Estou sozinho. Vou comer apenas um dos salgados.

O atendente respondeu:

— O bolo, os doces e os outros salgados são para embrulhar?

— Sim, vou levar para a minha mãe — respondeu Paulo.

Nesse exato instante, os dois se olharam.

Luísa gostou da maneira como Paulo se dirigiu ao atendente, mostrando-se educado, além da forma como mencionou sua mãe. Ela ficou deslumbrada, imaginando que ele fosse atencioso com a família (valor que ela procurava em um homem). Antes que falasse alguma coisa, pensou consigo:

— Bingo! É esse! Encontrei o homem dos meus sonhos! (haja ilusão...)

Enfim, Luísa achou aquele momento uma grande coincidência, pois Paulo também estava indo visitar sua mãe, o que seria a única coisa em comum, se não descobrissem que estavam no mesmo ônibus, o que para Luísa foi um "sinal de que seria ele".

A partir daquela viagem, começaram a conversar, trocaram telefones, entenderam-se e saíram algumas vezes. Em suma, após duas ou três semanas começaram uma relação afetiva, um namoro.

Agora, vamos conhecer um pouco mais sobre a vida de Paulo:

Paulo era fotógrafo, cursava faculdade de turismo, trabalhava e estudava em São Paulo desde que saíra de Tupi Paulista, SP, sua cidade natal, onde moravam seus pais. Em sua casa, foi criado com dois irmãos e seus pais, que lhe deram educação e boas condições financeiras. Contudo, estava acostumado com uma mãe que fazia tudo por seus filhos, cuidando deles como se não tivesse sua própria vida pessoal.

Como a mãe não recebia a atenção que esperava do marido, dedicava-se inteiramente aos filhos e aos afazeres do lar. Assim, desde muito cedo, Paulo e seus irmãos não pediam nada à mãe, mandavam nela. Tudo o que ordenassem estaria a sua inteira disposição, pois ela se incumbia de lhes fazer todas as vontades. Agindo dessa forma, perante os filhos e a sociedade sempre foi tida como uma boa mãe.

O pai era um grande empresário e lhes oferecia uma vida de conforto, arcando com todas as despesas do lar, muito embora não gostasse da ideia de sua esposa trabalhando em qualquer tipo de emprego externo, pois seria uma ofensa a ele, o varão da casa. Com medo de contrariar e criar conflitos com o esposo, a mãe sempre deixava de realizar suas vontades, como a de trabalhar fora, fazer aulas de pintura e teatro, a tão sonhada faculdade, entre outros projetos.

Como a voz do pai era a mais temida e respeitada, ele e seus irmãos pouco se aproximavam dele, tendo mais contato com a mãe, que ficava mais tempo em casa e, desde que eram crianças, zelava por seus cuidados. Naturalmente, a mãe era a pessoa com quem os filhos tinham mais intimidade para conversar sobre grande parte dos seus assuntos pessoais, suas alegrias e tristezas.

Paulo teve algumas namoradas desde sua infância, mas na adolescência conheceu Sara, que "partiu seu coração", pois era uma moça que tinha valores muito diferentes daqueles que ele tomara como correto em sua educação. Sara falava tudo o que pensava, não tinha "papas na língua", era muito consumista e sexualmente provocante. Apesar disso tudo, Paulo a amava e não pensava em desfazer a relação. No entanto, certo dia Sara lhe disse que "precisava de um tempo" e não estava certa se queria continuar aquele namoro. Desde que terminou o namoro e levou um "fora" da garota de quem gostava, Paulo achou que nunca mais encontraria uma parceira que fosse ideal para ele.

A imagem de Sara destoava muito da imagem das mulheres de sua família, que eram submissas aos seus parceiros, não trabalhavam fora de casa, não discutiam com seus maridos e não tinham olhos para outra coisa a não ser seus afazeres domésticos. Por isso, Paulo começou a imaginar uma mulher ideal, aquela que não o desapontaria e que faria tudo para agradá-lo, que faria tudo conforme suas vontades, e a mulher de que mais tinha referência a todos esses predicados era sua própria mãe. Portanto, mesmo sem ele saber que estava à procura da imagem de sua mãe em uma parceira futura, decidiu "dar um tempo" nas relações afetivas, até que encontrou Luísa, que, coincidentemente, também estava à procura da imagem de pai em um futuro pretendente.

Embora sejam muito conhecidos o "complexo de Édipo", em que o filho se apaixona pela figura da mãe, e o "complexo de Minerva", em que a filha se apaixona pela figura do pai, era exatamente o que acontecia nas projeções de pai e mãe de Luísa e Paulo, porque, mesmo sem saberem, procuravam características que imaginavam suprir suas respectivas necessidades, como a mãe preenchia no caso de Paulo e como Luísa imaginava que seu pai teria preenchido se tivesse convivido com ela. Ambos tinham um ideal de parceiro (a ideia, a imagem de uma figura) que, obviamente, não poderia coincidir totalmente com as características reais de uma outra pessoa.

No início do relacionamento, tudo ia bem, mas, com o passar do tempo, ambos perceberiam que a realidade não combinava com a ilusão (projeção) que tinham um do outro. Apesar disso, decidiram selar o relacionamento, assumindo um compromisso mais sério, o noivado, seguido da data do casamento, com a esperança de que cada um fosse modificar o outro para se encaixar naquela imagem que idealizaram inicialmente. Como consequência de terem criado seu respectivo ideal ("parceiro e parceira ideal"), não conseguiam enxergar a realidade de cada um, pois não viam o ser humano, o homem e a mulher com quem conviviam diariamente.

A partir daí, naturalmente surgiam comparações entre os dois homens que Luísa tinha que conviver, ou seja, o seu ideal (figura projetiva do pai) com o real (Paulo). Geralmente demora muito para notar que eles são totalmente diferentes.

Vejamos o que Luísa começou a perceber: o primeiro homem, que era o "ideal" da sua fantasia, era atencioso, compreensivo, nunca teria olhos para qualquer outra mulher, daria toda a atenção e se dedicaria a ela, valorizaria a família, a levaria ao cinema todas as noites e, além disso, faria elogios como ela sempre sonhou. Aquele louro alto (tipo europeu) que gostava da vida noturna, que dançasse bem e que a entendesse, apoiando sua necessidade de trabalhar fora, entre outras coisas. As circunstâncias não estavam de acordo com as expectativas da sua ilusão.

O outro homem era Paulo, o real com quem ela convivia de fato, que, apesar de gostar de estar em família, gostava tanto de sua mãe que nunca entendeu como Luísa pôde ser tão independente a ponto de trabalhar fora de casa, embora não desaprovasse verbalmente a ideia; no entanto, estava descontente com a situação e, além do mais, se sentia ofendido como "homem da casa", pois Luísa tinha um rendimento financeiro maior que o dele (orgulho machista), assim ela não estava cumprindo seu "papel de acordo com o ideal dele".

O tipo físico de Paulo era bem diferente do homem ideal, pois era moreno e, até a ocasião, o mais baixo dos namorados que Luísa já havia tido. Paulo nunca gostou de dançar e queria uma mulher submissa, que ficasse em casa e satisfizesse todos os seus caprichos, tal como sua mãe fazia. Isso o amargurava profundamente, pois nesse momento confirmou que Luísa não combinava com a "imagem de mulher ideal" que ele sempre alimentou em suas ilusões.

A essa altura dos acontecimentos, ambos sentiam-se decepcionados e, por mais que tentassem, não conseguiam fazer o parceiro real (Paulo e Luísa) se encaixar no parceiro ideal (pai e mãe). O ideal não passa de uma imagem mental fantasiosa, fruto das ilusões daqueles que as alimentam, e que são de total responsabilidade das pessoas que as nutrem.

A grande maioria das pessoas cria fantasias por confundir amor com necessidade, esperando e exigindo que o tipo de amor que a outra pessoa tem a oferecer confira com as necessidades do parceiro, o que quase sempre é impossível.

Luísa é responsável pela imagem fantasiosa que fez (ou ainda faz) de Paulo, e Paulo é responsável pelo ideal que fez (ou faz) de Luísa. E, ainda, cada qual é responsável por sua desilusão quando percebem que aquilo que ansiosamente esperaram um do outro não confere com a realidade (conceito de desilusão).

Por mais que Luísa tivesse motivos suficientes para imaginar que seu próximo parceiro lhe daria o apoio que seu pai não lhe deu, e por mais que Paulo tivesse suas razões para imaginar que sua próxima parceira se comportasse conforme as crenças de sua mãe e desempenhasse aquelas mesmas funções para ele (de vários cuidados, submissão e tratamento como se fosse um bebê mimado), cada um dos envolvidos, Luísa e Paulo, são responsáveis por suas ilusões e também por suas desilusões, pois cada um deles as criou sem ao menos consultar a possibilidade de o outro ter condições de suprir tais exigências.

A partir desse ponto, seria inútil contar sobre seus conflitos e culpas, que são inevitáveis após a tentativa frustrante de tentarem modificar um ao outro, ou seja:

Paulo poderia pintar o cabelo de louro, fazer alongamento e musculação para tentar melhorar a aparência, assim como Luísa poderia largar seu trabalho e começar a agir como Paulo desejava. Porém, toda vez que tentassem fazer isso para "agradarem um ao outro", além da insatisfação por não estarem sendo eles mesmos, sempre haveria a consideração que Paulo esperaria de Luísa, se agisse conforme sua vontade para suprir seu ideal de pai companheiro, e vice-versa, pois Luísa também esperaria algo de Paulo como forma de reconhecimento por ter feito aquilo que ele esperava dela, o papel de mãe devota, o ideal dele.

Sempre que os casais enfrentam essa situação, haverá um limite mais cedo ou mais tarde, pois é cansativo ter que desempenhar um papel que não combina com a verdade de cada um. Cada vez mais se paga um preço muito alto para fingir que se quer algo, quando essa não é a verdade, contrariando a sua própria vontade, seu próprio ser. Como sempre falo: "Na tentativa de agradar o mundo, nos desagradamos e, aos poucos, nos autodegradamos".

Após doze anos casados, ao perceberem que não tinham mais prazer no relacionamento, estavam desiludidos e com um sonho de amor fracassado, a situação foi forte o suficiente para que Luísa e Paulo me procurassem para um aconselhamento de casal.

Naquela ocasião, ao iniciarmos o trabalho psicoemocional para entender o desgaste do processo afetivo, sugeri que fizéssemos um primeiro ciclo de atendimentos individuais para cada um dos dois, como faço em grande parte dos casos. Num outro período, continuando os atendimentos individuais, fazíamos algumas sessões a três (eu e o casal) e, eventualmente, em grupo, com outros casais.

No tratamento de Luísa e Paulo, fomos caminhando passo a passo para a visão do ideal que eles fizeram um do outro, até que entendessem a proposta do nosso trabalho, que era optar pelo real, e, para que isso fosse possível, deveriam desistir do ideal que criaram.

Na verdade, escolhi esse caso como exemplo, dentre muitos atendidos, porque foi um caso em que o casal escolheu facilmente encarar uma nova perspectiva na vida a dois, o que é raro antes de um tratamento mais prolongado. No entanto, ambos vinham cansados da atual conjuntura e estavam muito dispostos a se ajudarem para trazer novamente o prazer de estarem juntos e a harmonia em seu lar.

Luísa e Paulo optaram por viver com o real, e despediram-se do ideal. Decidiram olhar para a fantasia que fizeram um do outro e nunca mais comparar o que esperavam em suas ilusões com aquilo que tinham para doar e trocar verdadeiramente entre si: o real.

Obviamente, esse exemplo é apenas um panorama geral do caso, focado em uma parte do caso que envolvia a comparação entre o indivíduo e a imagem que se faz dele, para que o leitor compreenda o processo de idealização que fazemos das pessoas.

Os resultados foram muito rápidos, sendo que em três meses estavam convivendo muito melhor do que quando chegaram e, com oito meses de tratamento, tiveram alta provisória. No entanto, assumiram a responsabilidade de continuar nutrindo as sugestões ofertadas em forma de técnicas e tomada de consciência teórico-prática que vivenciaram nas várias modalidades que lhes ofereci no trabalho em consultório. Além disso, desenvolvemos juntos o entendimento de experiências particulares por meio de outras técnicas específicas para o caso. Algumas delas são preciosas, e continuarei sugerindo daqui em diante, nos próximos subitens deste capítulo.

Tal como o casal, perceba que quanto mais você compara seu parceiro(a) com aquilo que você espera dele ou dela, seus atributos e qualidades verdadeiros tornam-se o resto. Embora a fantasia daquilo que queremos do outro seja muito empolgante, é falsa, mentirosa, pois é ideal, e não real. Enquanto se alimenta uma ilusão, por mais que o outro tente e até faça de tudo para agradar, sempre existe a comparação com o sonho.

Vamos entender que, sempre que existir o ideal, o real parecerá sem graça, cruel, maldoso e egoísta, quando, na verdade, *as pessoas não vão mudar simplesmente porque queremos, já que elas são apenas aquilo que podem ser naquele momento*, e não o que gostaríamos que elas fossem. Por essa razão, é fundamental entender que só se pode optar por uma alternativa: alimentar a ilusão do amor ideal ou aceitar o amor real, a pessoa como é de verdade. Sempre precisamos fazer uma escolha!

E na sua vida? Você já escolheu o que quer? Qualquer que seja sua escolha, será de sua inteira responsabilidade! Por um lado, terá que assumir sua mágoa pelo fato de o seu companheiro não corresponder ao seu "ideal", ao "sonho de amor" que você criou de maneira tresloucada, irresponsável, além de assumir todo o sofrimento que certamente virá acompanhado da sensação de impotência e decepção! Por outro lado, será responsável pela sensação de alívio e liberdade por aceitar a verdade do outro, além da experiência insubstituível de também poder ser verdadeiro, de poder ser você mesmo sem ter que representar um papel.

Escolha enquanto há tempo entre o sonho fantasioso acerca de uma pessoa e sua verdade ou, mais tarde, arrependa-se por não ter escolhido. Lembre-se também que não escolher nada já é uma escolha...

Quando nos responsabilizamos pelas nossas opções, podemos sentir a liberdade de estar em uma relação afetiva, por mais contraditório que possa parecer estar casado e sentir-se livre, pois, sempre que nos aceitamos como somos, sentimos um imenso alívio; é o próprio livre-arbítrio em ação. Isso também é o que o parceiro sente quando aceitamos que ele pode ser ele mesmo, sem ter que desempenhar papéis para contentar alguém ou alguma coisa.

Ceder ou conceder — amor condicional x amor incondicional

Muitas pessoas dizem que em um relacionamento afetivo bem-sucedido as pessoas têm que ceder. Você concorda? O que quer dizer "ceder"? Será que ceder é o mesmo que conceder? Qual seria a diferença?

Perceba a forte crença sob a palavra ceder. Desde que ouvimos falar sobre união conjugal, casamento e viver juntos, ouvimos as pessoas dizerem:

— Quem ama cede!

— Se o casal não cede, o relacionamento não funciona.

— Quem não cede é egoísta e só pensa em si próprio.

Grande parte de nós ainda acredita nessa crença pautada nas normas sociais que determinam que quem deseja estruturar uma família deve deixar de fazer o que gosta em sinal de respeito ao cônjuge.

Essa crença básica é constituída de teorias morais, culturais, religiosas e até filosóficas tão fortes e com valores tão tradicionais e repressores, que muitas pessoas deixam de se casar por acharem que, a partir desta data, estarão presas. Esse é um fato muito comum, principalmente na vida afetiva dos homens que, em vários casos, acabam optando por não se casarem, pois a mensagem nas entrelinhas desse tipo de crença é que não é possível estar casado e sentir-se livre.

Inclusive, quando se encontra na rua algum amigo que ainda está solteiro, alguns comentários e brincadeiras são frequentes entre os homens:

— Você se casou, Rogério? Ah, coitado, então está encoleirado!

— Agora ele é pau mandado da mulher!

Claro que as chacotas podem ser provenientes de vários assuntos entre os amigos, mas o caro leitor já deve saber que "por trás de uma brincadeira sempre existe um fundo de verdade", não é? A frase, além de ser um jargão, pode também ser uma crença que, neste caso, é muito útil para entendermos o que algumas pessoas sentem quando ouvem falar em casamento com essa premissa consagrada em relação à palavra ceder.

Além dos homens, existem também mulheres que vivenciaram tipos de relacionamentos repletos de cobranças e de prisões psicológicas, chantagens afetivas e emocionais. Quando se viram livres da situação e da pressão daquele relacionamento (e não do relacionamento em si), optaram por ficarem sozinhas para não se verem "presas" novamente.

O fato é que, como foi dito há pouco e desde o início deste livro, não é o relacionamento que aprisiona as pessoas, mas elas próprias, dependendo da maneira como enxergam seu casamento, sua união afetiva e conjugal, tornando-o tranquilo ou cheio de julgamentos, cobranças, críticas e culpa.

Tenho a sensação de que o leitor pode perguntar:

— Mas você mesmo diz que foi a sociedade quem impôs esse modo de pensar! E, agora, o que fazer se não podemos mudar os valores sociais?

Não podemos e nem vamos mudar as crenças das pessoas, do mundo, da política e da religião, que querem fazer as pessoas seguir normas sem questionamento algum, sem ter provas concretas, agindo pela simples mentalidade de que estão errados, são pecadores e têm que ser punidos, do contrário, o que os outros vão pensar? Pura vaidade... Dessa forma, é claro que não vamos mudar a convenção social, por isso é momento de confrontarmos os conceitos que aprendemos para sairmos da postura de responsável pelas necessidades do mundo, para sermos autorresponsáveis, ou seja, responsáveis por nossas próprias vidas, pois os resultados de agir por crenças gerais pré-estabelecidas são cada vez mais devastadores na vida das pessoas.

Grande parte dos medos e das resistências das pessoas em se envolver em relacionamentos são provenientes desse tipo de crença, sendo que ceder significa "fazer valer a vontade do outro", a opinião do outro, desprezando as suas próprias vontades e desejos, e isso aconteceria a partir do momento em que se assume um compromisso, como o casamento.

Na verdade, a sociedade impõe essa maneira de ver o mundo, e não apenas o casamento e, assim, continuará impondo normas para várias outras coisas. Cada um de nós é responsável por empregar ou não essas normas e conceitos em nossas vidas. Minha dica é que não aceitemos viver como robôs e computadores, como se fôssemos programinhas pré-determinados (que chamo de "psico-*software*"). Quando estamos em um relacionamento afetivo, podemos, e até precisamos, nos libertar dessas ideias castradoras para não confundir amor com apego, como explicado no capítulo anterior, que tratou do amor neurótico.

Desde que aprendi o conceito de conceder, tenho preferido aplicá-lo em vez de aplicar a crença do ceder, embora, para isso precisemos de um desprendimento infinitamente maior em nossa forma de amar. É o que chamamos de amor incondicional.

Conceder é uma virtude do amor incondicional, pois uma das características desse amor é a liberdade e o respeito ao seu próprio sentimento e ao da pessoa com quem vivemos; *não queremos nada diferente do que a própria pessoa quer para si mesma*. Sei que é diferente de tudo o que já ouvimos falar, pois conhecemos muito mais o amor condicional, superficial e mesquinho, no qual a mensagem é a seguinte:

— Se você me ama, faça o que eu quero.

— Eu só vou te amar se você fizer o que eu quero.

— Mude para me agradar, assim poderei te amar!

No amor incondicional, a mensagem é completamente diferente porque nele o parceiro é responsável por aquilo que escolhe para si próprio, e como o outro ama incondicionalmente, jamais irá contrariá-lo; por isso ele concede.

Há algum tempo, eu estava tentando expor esse conceito em uma palestra e alguém me perguntou:

— Doutor Mário, isso significa que, mesmo sem gostar do que minha esposa gosta, tenho que concordar com ela, senão não a amo incondicionalmente? Tenho que engolir tudo o que ela quiser ou disser?

Eu prontamente respondi com outro exemplo:

— Veja bem, seu João: vamos supor que minha companheira, a quem amo incondicionalmente, seja promovida em sua empresa a um cargo de excelência e que, para abraçar esta nova situação, tenha que usar grande parte dos nossos dias de lazer para viajar a outra cidade, em outro estado. Vamos supor também que eu não goste de ficar sozinho aos fins de semana e que isso me incomode um bocado. O que seria conceder nesse caso? Seria deixá-la fazer o que quiser, abraçar o novo cargo, viajar e fazer aquilo que a fará feliz, pois *eu quero para ela o mesmo que ela quer para si mesma...*

Ele logo interferiu:

— Mas, e quanto ao incômodo?

— Ah, sim! No conceder ao outro, eu consulto meus sentimentos, tentaria entrar em um acordo com ela, explicando minha posição (pois o acordo faz parte do conceder) para que ela fique mais tempo em casa, para aproveitarmos mais o nosso tempo juntos. No entanto, se depois de algum tempo, sua situação profissional e sua ausência ainda estiverem interferindo em minha vida *a ponto de eu me sentir invadido ou desrespeitado*, não encontrando meios de me adaptar, eu a aviso, dando um prazo para que consideremos a possibilidade de entrar em um novo acordo. Porém, se o que ela escolheu estiver fazendo a ela um bem tão grande que ela não queira mudar a situação, informo-lhe que provavelmente não poderei continuar naquele relacionamento.

Seu João, logo respondeu:

— Mas se é assim, NÃO EXISTE AMOR!

E eu rebati:

— Não mesmo! Dessa forma não existe esse amor condicional que aprendemos. Apesar de amá-la, eu concedo, pois não estou apenas concedendo a ela, mas também a mim o direito de fazer o que quero da minha vida, pois o amor incondicional não castra, não limita, não impõe condições; ele liberta, pois sabemos que não dependemos do outro para existir.

Foi quando o senhor concordou com uma feição estranha:

— Entendo! É verdade, nunca tinha pensado assim...

Vocês já devem ter percebido que, sempre que aprendemos novos conceitos como esse, podemos continuar agindo da mesma forma ou tentar adotar uma nova atitude. Como meu trabalho todo envolve disciplina e autorresponsabilidade, novamente faço o leitor se lembrar do seu poder de escolha. Só você pode escolher o que quer adotar daqui em diante. Vamos pensar um pouco mais sobre isso?

Aceitação e diálogo: na hora H, prefira a conversa à discussão

Em muitos casos de discórdia e conflito entre casais e pessoas em geral, os ingredientes de suma importância para se chegar a um consenso são a aceitação e o diálogo. Tenho observado que, sem eles, qualquer discórdia se torna uma discussão ferrenha, gerando desgastes e brigas desnecessárias em razão da falta do hábito de escutar ao outro.

Como pode existir bom convívio entre pessoas que não se comunicam? Ninguém tem uma "bola de cristal" para adivinhar como você está, o que gostaria de comer no jantar ou sua maneira de pensar para resolver um determinado problema, mesmo que vivam juntos há muito tempo.

É muito comum que algumas pessoas se percam em conceitos que aprenderam ou escutaram no meio social, confundindo, por exemplo, aceitação com submissão, diálogo com imposição, e conversa com discussão.

Como você se comunica com o seu cônjuge? Você sabe se comunicar com as pessoas de modo geral?

Antes de qualquer confusão, vamos esclarecer que aceitar não é o mesmo que concordar com tudo, mas, sim, saber que existe alguém que pensa diferente, que tem outra posição a respeito de uma determinada situação ou assunto. Muitos são os pais que dizem amar os filhos, mas não os aceitam como são, seja em seu estilo, em sua maneira de agir, ou até mesmo naquilo que têm para dizer.

Certa vez, uma mãe me procurou dizendo que estava muito decepcionada com a filha, pois todos os amigos e familiares a achavam uma boa moça e a elogiavam, mas em casa ela não tinha um bom relacionamento. Dizia que a filha agia de forma ríspida e não conversava com ela e, por mais que tentasse, não havia a mínima possibilidade de existir diálogo entre elas, muito embora com seus amigos e conhecidos ela se mostrasse meiga, atenciosa e era muito benquista.

Ao checar o caso, percebi que a mãe não queria conversar e, sim, impor sua posição. Quando sempre conseguia "laçar" a filha para um "diálogo", as ordens, cobranças e imposições eram bem evidentes: "Faça isso!", "Faça aquilo!", "Nem pense em...", "Como você ainda não fez?" Nesse caso, a mãe cobrava a filha para que fosse uma "princesinha", que se arrumasse e fosse mais interessada por roupas, fazer unhas, ser fina e asseada, enquanto a moça não sentia vontade de seguir esses tipos de cuidados excessivos. Por isso, cada vez que sua mãe tentava impor algo, cansada de ouvir sempre o mesmo tipo de conversa, a filha a evitava e agia com ela de forma repulsiva e, por vezes, grosseira.

Quando a mãe entendeu que poderia educar sem coagir e sem impor, seu relacionamento melhorou consideravelmente. A filha começou a entendê-la e essa ocasião foi o marco em suas vidas para a grande amizade que desenvolveriam depois. Compreenda que diálogo não é imposição, e que, enquanto alguém quiser imprimir sua visão como "a verdade absoluta", haverá poucas chances de entendimento e harmonia em qualquer tipo de relacionamento.

As duas grandes características que mencionamos acima, aceitação e diálogo, são atributos da chamada inteligência emocional, que caminham juntos e, costumeiramente, facilitam a condução dos conflitos para uma conversa.

Você saberia diferenciar conversa de discussão?

Na conversa, existe um ponto de partida e um ponto de chegada, um início, um meio e um fim. Nesse caso, é fundamental que haja um entendimento entre os envolvidos, por isso a aceitação das diferenças e a compreensão de que *as pessoas são apenas como podem ser*, associada ao treino diário do diálogo, tende a sistematizar as ideias de maneira calma e cordata, para que se chegue a uma conclusão.

Como em qualquer reunião civilizada, a conversa geralmente tem horário marcado, a menos que seja para tratar de assuntos corriqueiros com pessoas que naturalmente já se entendem e se respeitam. A mensagem nas entrelinhas da conversa, que também pode ser sugerida como início das frases em que assuntos e pessoas difíceis estão envolvidas, é a de concordância, sugestão, entendimento, solução, e poderão ser expressas através de frases como:

— O que podemos fazer para solucionar esse problema?

— Vamos atentar para esse assunto?

— Gostaria de sugerir que fizéssemos desta maneira.

— Como seria se considerássemos aquela situação?

Enfim, a conversa é uma medida inteligente, adotada por pessoas de boa intenção interessadas em fazer acordos e resolver conflitos de forma pacífica e simples, mesmo que algumas vezes ela seja conduzida de um jeito mais firme.

A discussão é uma maneira desconfortável de interagir sobre algum assunto. Geralmente, as discussões não têm hora marcada, início ou fim, e são caracterizadas por palavras trocadas de forma áspera, sendo que cada pessoa quer convencer a outra, a qualquer custo, de que sua visão é a correta, querendo sempre ter razão (proveniente do orgulho), por isso não tem objetividade. Não existe vantagem em discutir, pois, na maioria das vezes, mesmo quem "ganha" a discussão (se bem que ninguém realmente ganha alguma discussão) acaba cultivando mal-estar e desentendimento que podem perdurar por tempo indeterminado, até que se entendam a distância, ou optem por uma conversa para esclarecimentos.

Veja como nas discussões as frases sempre começam com acusação pessoal:

— Você não tem consideração!
— Você não me respeita!
— Ah! Você é que está certo e eu errado!
— Você viu o que aconteceu?
— Você já sabia e assim mesmo fez!

Se mesmo com amigos ou pessoas com quem não convivemos com tanta proximidade a discussão causa afastamento, alimentando a raiva, desorientação e inconformismos, se queremos ter paz e entendimento no lar, na hora H, podemos ser inteligentes e optar pela conversa, e não pela discussão.

O que você acha? Qual a sua opinião a respeito? Vamos começar a perceber melhor como estamos lidando com esses elementos nos vários setores de nossas vidas?

Estabelecimento de limites: matemática do amor

Gostaria que você pensasse no que é limite. No campo visual, por exemplo, o limite é até onde conseguimos enxergar, o horizonte. Assim acontece com todos os nossos outros quatro sentidos, que variam conforme a capacidade e sensibilidade de cada pessoa. Com isso, concluímos que cada pessoa tem seu próprio limite físico a cada um desses sentidos, porém eles podem ser treinados e aperfeiçoados por meio de determinados métodos e exercícios.

Para tudo que fazemos, nas situações e com as pessoas com quem interagimos, existem limites, seja naquilo que se pode ou não fazer em uma transação comercial, seja percebendo a intimidade que se tem para fazer certos tipos de brincadeira, ou ainda de que maneira se pode interagir em cada experiência que passamos. Nem sempre esses limites estão bem estabelecidos, diferente dos citados acima. Dependem da intenção e da firmeza de cada pessoa ao adotá-los, e geralmente não os adotam porque também não respeitam limites.

A prova mais concreta de que o *ser humano não gosta de limites* é que dificilmente aceita regras ou disciplina e cada vez mais se aborrece quando precisa obedecer a algum limite, ouvir um "não". Isso se acentua principalmente aqui no Brasil, que é um país onde todos dão um "jeitinho" para tudo. E é por isso que quem não consegue "dizer não" também não gosta de ouvir um "não".

Você pode estar pensando que devemos obedecer tudo senão seremos rotulados como indisciplinados. É óbvio que disciplina não significa obedecer e servir a tudo sem direito de questionar; isso é *passividade, cegueira*. Sabemos que existem leis e normas que contrariam a honestidade, os direitos humanos, como taxas de impostos abusivos e indevidos e punições extremistas que nivelam todos sem tolerância, enquanto há impunidade para aqueles que realmente a merecem. Nesses casos, podemos e devemos nos manifestar de maneira organizada, pois até para isso existe um limite. O tipo de disciplina estabelecida aqui visa ao bem comum, ao funcionamento da sociedade, da civilização. Por exemplo, sem as leis de trânsito, cada um faria o que quisesse com seu veículo, desrespeitando os cidadãos, causando tantos conflitos e tragédias que seria impossível transitar de maneira organizada.

Veja que, em alguns países, aprendeu-se a respeitar os direitos não porque são mais ou menos civilizados, mas porque houve o estabelecimento de limites, e toda e qualquer forma de invasão ou desrespeito tem um preço a ser pago: se alguém joga papel no chão, invade alguma propriedade, presta um serviço malfeito, ou age de forma aviltante recebe a devida advertência, multa ou punição, dependendo do tipo de infração.

Gostaria que o leitor entendesse que esse estabelecimento de limites, como "cercas", "muros", não tem o objetivo de "isolar o mundo e as pessoas", mas de delimitar um território particular. Nos Estados Unidos, as casas não têm muros que separam uma propriedade da outra, não têm cerca, pois dificilmente há invasão de propriedade. Agem assim não por serem educados, mas por saberem que serão punidos ou multados mediante qualquer invasão. Aqui no Brasil, por mais que tenhamos muros e portões nas casas, as pessoas não estão acostumadas a respeitar regras, pois não existe punição severa seja para invasões, poluições sonoras, químicas ou de espaço físico. Principalmente nas cidades do interior do Brasil, vizinhos e conhecidos abrem os portões das casas uns dos outros e chamam essa atitude de companheirismo e amizade pura e autêntica, quando na verdade se trata de invasão, tanto no Brasil como nos países onde se preza o respeito e a privacidade pessoal e coletiva.

Achamos altruísta a atitude de alguém que diz disponibilizar a sua própria casa para qualquer pessoa e oferecer cama para quem precisar de abrigo; no entanto, esse "benfeitor" em seguida reclamará, porque ninguém retribuiu seu trabalho quando ele mais precisou. Em suma, fazemos tudo esperando uma troca de favores das pessoas próximas ou de algum ser invisível que reconheça o "bem que estamos fazendo à humanidade", torcendo para que sejamos merecedores de um grande prêmio, de uma recompensa por termos sido "bem comportados" (haja vaidade...).

Não estabelecemos limites para não sermos desconsiderados por aqueles que serão nossos próximos invasores, aqueles que continuarão a cobrar explicações; assim, teremos direito de continuar invadindo e vice-versa. É confuso, mas vale a pena relê-lo, pois é um "quebra-cabeças" muito verdadeiro. Precisamos entender que isso não é bondade, e sim uma permissividade abusiva, sem limites.

Pare e reflita: você consegue estabelecer limites em seus relacionamentos sociais, profissionais e familiares? Se sim, meus sinceros parabéns! Caso contrário, como acha que conseguirá fazer isso afetivamente?

Você só não estabelecerá limites se acreditar que, depois de se unir a alguém, passa a ser parte dela e esta pessoa passa a ser parte sua. É uma ideia parecida com aquela ilusão de "alma gêmea". Minha amiga e professora Lousanne de Lucca sempre dizia que toda problemática afetiva é numérica, por isso, com base no que aprendi com ela, associado a algumas observações pessoais, peço que o leitor volte sua atenção à Matemática do Amor.

A Matemática do Amor consiste num divertido jogo que, por meio de alguns exemplos, mostra-nos de maneira simples e divertida quais tipos de ilusões nutrimos com relação à nossa afetividade e como elas dificultam, ou em alguns casos impedem, que as pessoas estabeleçam limites ao se relacionarem.

Vamos observar algumas de suas contas afetivas, em que o sucesso ou fracasso no relacionamento dependem da forma que fazemos as contas:

$$\textit{Primeira conta} = \textit{alma gêmea}$$
$$½ + ½ = 1$$

Quando acreditamos em "alma gêmea", acreditamos que somos uma metade; logo, temos que encontrar nossa outra metade para sermos um e nos sentirmos felizes. Essa primeira conta nos faz acreditar na seguinte mensagem: não nasci com capacidade para cuidar nem de mim mesmo, assim, terei de encontrar alguém que me ampare e apoie, assim ele cuida de mim e eu cuido dele.

No entanto, é contraditório, pois como alguém que não consegue cuidar de si mesmo cuidará de uma outra pessoa?

Apesar de não conseguir enxergar essa cilada, as pessoas que se encontram nela por acreditarem na ideia de "alma gêmea" não estabelecem limites entre si, pois pensam e se cobram:

— Como eu posso dar limites para a pessoa que traz vida à minha, que traz significado a algo antes sem sentido. Não tenho esse direito.

As pessoas ficam arrasadas quando terminam um relacionamento como esse. Não conseguem ingressar em nenhum outro e, apesar de nunca sentirem sua força, entregam até o que não têm de si mesmas para o parceiro afetivo. Assim, ficam sem forças para continuar suas vidas, pois, apesar de as ilusões serem sempre prejudiciais, as piores são aquelas que nos fazem crer que somos impotentes, incapazes e que não temos poder, força para seguir em frente, o que é mentira!

Segunda conta = nulidade
$1 + 1 = 1$

Essa segunda conta mostra como duas pessoas independentes e responsáveis por si próprias ingressam em uma relação afetiva e, seja por crenças religiosas mal orientadas, seja pelo que aprenderam com os adultos ao seu redor ou com a cultura de sua origem, tentam ser apenas um, tornam-se um. Isso significa ter apenas uma vontade, apenas uma meta, um sonho, um propósito de vida. Como se fôssemos tentar colocar os dois pés em um só sapato, duas pernas em uma parte da calça... Será possível?

Nesse caso, nenhum dos dois pode expressar sua vontade, a menos que seja igual à do cônjuge, pois se tiver uma opinião diferente, um pensamento, uma vontade que se desvirtue dessa linha de pensamento, será recriminado e até culpado por tê-la.

Este é o típico caso, talvez o mais encontrado em nossa sociedade, em que um dos cônjuges se anula. Para agradar um, sempre o outro tem que se anular, já que não entendem outra conta, embora matematicamente essa conta seja impossível (1 + 1 não pode ser igual a 1).

Contudo, quando conseguem se anular pelas conveniências, fazem com que suas vontades estejam a serviço daquilo que nem um dos dois deseja, e ambos acabam se tornando uma terceira pessoa, que não combina com nenhum dos dois; uma personagem pautada no que diz o mundo, "o certo" baseado num "figurino". É uma situação triste, mas muito comum atualmente, na qual ambos não percebem que estão sendo sufocados pelas crenças sociais e, assim, nunca estabelecem seus próprios limites. Essas pessoas nem se observam; ao contrário, sempre corrompem seus limites, despersonalizando-se mutuamente.

Terceira conta
1 + 1 = 1 + 1

Já essa terceira conta nos mostra um tipo de relacionamento no qual não existe proximidade, pois os membros integrantes são independentes, não existindo entrega afetiva nem compromisso. Cada um cuida de seus próprios interesses pessoais, sociais, financeiros e familiares de forma particular, embora morem juntos, sejam casados de papel passado, ou não.

Essa equação reflete um convívio similar ao de uma república de estudantes, quando os jovens reúnem amigos que também querem morar numa mesma casa, cada um com suas vidas sem ter que avisar ao outro sobre qualquer atitude ou posição que for adotar. Essa ideia de *república* retrata exatamente o que quero dizer com relação ao compromisso imediato com as contas da casa e a divisão de tarefas para o bom convívio, mas com um total descompromisso afetivo e conjugal.

Esse é o chamado "casal moderno", que vive uma "relação aberta", em que dividem suas contas, mas não têm compromisso entre si, seja social, afetiva, profissional ou sexualmente.

Conheci casais que vivem relações desse tipo: alguns viviam bem e se adaptaram a uma vida dupla, tripla, quádrupla, ou quantas assumissem; já outros se frustraram ao pensar que poderiam viver uma relação mais aberta e magoaram-se profundamente. Nesse caso, não há limites entre o casal, na medida em que, se um não participa da vida do outro, acabam vivendo de uma forma inconsequente por não saberem dos seus limites, principalmente os afetivos, emocionais e sexuais, ao se envolverem com outras pessoas.

Quarta conta
1 + 1 = 3

Matematicamente, também é impossível que 1 + 1 seja igual a 3, mas, nessa "conta afetiva", inclui-se "o homem", "a mulher" e "o relacionamento", os três personagens da vida conjugal daqueles que optam por isso.

Esse é o caso das pessoas que dizem tomar suas decisões pensando no melhor para "o relacionamento". Neste triângulo entre o "eu", o "tu" e o "relacionamento", esquecem-se que o terceiro só existe por causa dos dois. Assim, transferem seu poder, sua existência e as possibilidades de realização "ao relacionamento", quando, na verdade, o "relacionamento" somente é possível de existir porque cada um tem sua existência individual e ambos se uniram com um *propósito de troca e companheirismo*.

Nesse tipo de relação, seus integrantes também não percebem sequer que têm poder, pois a força está toda no "relacionamento", "na família", e não neles. Numa visão mais terapêutica, o que mais agride é que eles já adotam essa postura como normal, acreditam no "papel de cada um" no relacionamento, um padrão como se existisse um modelo preestabelecido de relacionamento bem-sucedido. Assim, se o relacionamento se finda, culpam-se individualmente por não terem desempenhado corretamente seu papel, e atribuem o fracasso do "relacionamento" às suas falhas pessoais. Enfim, nessa equação, parece que "o relacionamento" tem vida própria, sendo mais importante que os seus integrantes.

Quinta conta
$1 + 1 = 2$

O que você acha dessa conta? Parece muito óbvia?

Essa é uma conta que parece combinar matematicamente e afetivamente, pois $1 + 1 = 2$. Sempre que cada pessoa que se une a outra significa que existem duas individualidades.

Nessa equação, as duas pessoas decidem pelo convívio em conjunto, não se anulam, não são e nem se acham metades, não se limitam em excesso, evitando o calor da relação, e nem colocam o poder de suas escolhas em julgamento: o que os familiares acham, o que a moral comum ensinou, ou o que a educação, a religião, ou a tradição acham correto.

Apesar de viverem juntos, estabelecem seus limites, pois, antes de haver o "nós" (casal), existe o "eu" e o "tu". Então, caminham lado a lado, paralelamente, sem se chocarem, pois seus limites individuais estão bem estabelecidos, apenas no olhar o outro percebe alguma intromissão, e se o outro não perceber que está se sentindo invadido, tem todo o direito de se expressar, com algo do tipo:

— Não estou de acordo com esta atitude. Vamos repensar esse assunto?

— Lembra-se do que conversávamos? Estou me sentindo invadido. Vamos resolver isto?

Dessa forma, entram em um novo acordo e estão sempre "refazendo seus contratos". Por mais afinidade que possa haver entre duas pessoas, a outra nunca saberá em que estamos pensando ou o que estamos querendo.

Considerando que há momentos da vida em que nem nós mesmos sabemos o que queremos, como poderia outra pessoa fazê-lo, por mais que nos conheça e esteja bem intencionada?

Quando 1 pessoa + 1 pessoa = 2 pessoas, cada uma delas tem consciência da sua própria importância, sabe dizer "sim" e dizer "não" e, quando a relação se finda, claro que ficam chateados, mas não se apoiam um no outro a ponto de se sentirem mutilados a vida toda, como se alguma parte sua ainda estivesse com o outro. Assim, sabem que são inteiros (e não metades), e em pouco tempo estarão prontos para uma nova experiência.

Não recrimino nenhuma das experiências que descrevemos na Matemática do Amor, nem valido qualquer uma delas, pois acredito que cada pessoa deva saber o que lhe convém optar em seu caso específico, muito embora saibamos, conforme descrito anteriormente, que o amor neurótico é imaturo e faz sofrer.

A experiência do apegado é muito clara, pois quase sempre tem a sensação de que, se o outro parar de respirar, ele se sentirá sufocado; se o coração do outro parar de bater, ele morrerá junto. A experiência do ciumento também é ingrata, já que quer exclusividade e não suporta saber que existem outras pessoas atraentes e interessantes, pois isso ataca diretamente a sua insegurança. Assim, precisa dar o exemplo e comportar-se da forma que exige que o outro se comporte, ser igual, o que também se torna um preço caro em demasia para pagar.

Há mais exemplos "matemáticos" e psicológicos que retratam a vida dos casais atualmente, embora os exemplos acima tenham apenas a finalidade de ilustrar que existem maneiras diferentes de se relacionar afetivamente e não apenas uma, como sempre fomos forçados a acreditar.

Assim, também existem as pessoas que se unem por propósitos psicológicos muito parecidos, seja em suas qualidades (afinidades positivas), seja em seus defeitos (afinidades negativas). Isso também acontece quando a vida faz o favor de unir duas pessoas para que se percebam pela "terapia do espelho", como comentado anteriormente. Talvez numa próxima oportunidade possamos falar mais detalhadamente sobre eles, mas para que o leitor não fique tão curioso, citarei alguns exemplos: a ciumenta se casa com o moralista, a histérica com o cafajeste, a justiceira com o injusto, o certinho com a erradinha, o forte com a fraca e, de maneira geral, os egoístas com os generosos, constituindo o que metafisicamente chamamos de "casais perfeitos", pois energeticamente eles se merecem.

Se para tudo existe disciplina, ressalto aqui a valiosa dica:

O estabelecimento de limites deve acontecer em *todos os tipos de relação respeitosa*, em que cada pessoa preza por sua individualidade.

Depois de proposta essa nova visão, reflita; pense em qual das "equações afetivas" você se encaixa.

Será em uma mistura de cada uma delas?

O que elas estão lhe proporcionando?

Espero que, com nossa conversa, você tenha condições de escolher o que quer viver afetivamente.

Amor incondicional: isento de garantias de permanência

Como diz o nome, o amor incondicional acontece independentemente de condições, de sexo, raça, origem, religião, cultura ou qualquer outra denominação. Podemos cultivar e sentir o amor condicional pelos filhos, amigos, animais, pessoas, plantas e também pelas coisas materiais, embora algumas pessoas não queiram admitir que amam mais o cachorro do que alguém que conhecem! Outros se incomodam ainda mais:

— Ah, mas é diferente amar uma pessoa e um animal!

Agora sou eu quem diz ao prezado leitor:

— Que preconceito com o amor! Quanto ideal fazemos com ele! Acordem! O coração não faz tantas exigências; ele apenas ama, sente. Nossa cabeça que é arrogante: não admite, briga, quer convencer, acha certo ou errado.

Todo amor é amor, depende de quem ama, de quem dá o significado. Não existe amor igual, nem pelos seus filhos, nem pelos seus pais, nem pelos animais ou objetos, considerando que mesmo as pessoas e os animais são diferentes entre si. Não significa que o amor seja maior ou menor, mais ou menos valioso se o sujeito amado é uma pessoa ou um animal, independentemente de sexo, raça ou crença.

Se eu lhe disser que tenho amor por um *rato de estimação*, provavelmente você me achará um louco e fará piadas sobre minha preferência; no entanto, na Grécia, o rato é tido como um animal sagrado e, se você contasse suas piadas, ou expusesse seus preconceitos contra os ratos, provavelmente seria muito malvisto por lá. Observe como não é um preconceito do coração e, sim, "da cabeça", da cultura.

E os materialistas se incomodam ainda mais quando falamos do *amor material*, por terem sido forçados a acreditar na culpa e preconceito pelas coisas materiais que ama:

— Mas como é possível falar que se ama algo material?

Tanto ama que existem pessoas que permanecem por mais de dez ou vinte anos com o mesmo chinelo ou bolsa, ou camisa, mesmo tendo possibilidade de comprar outros.

Existe também o *apego material*, no qual a pessoa nunca se desfaz dos objetos, mesmo que não os use, diferente do *amor incondicional material*, em que a pessoa pode até usar seu "chinelo de estimação" por muitos anos, mas quando doa a alguém, o faz com desprendimento, sem obrigação ou remorso. Essa situação é diferente daquela em que a pessoa doa por ter que ajudar, quando não tem vontade, quando o faz forçosamente, só para não se sentir desumano.

Lembre-se da sua reação quando a esposa ou a governanta doou algum objeto seu e você foi o último a saber...

Geralmente as pessoas perguntam:

— Onde está minha camisa?

— Você não a usava e eu doei na semana passada — diz a esposa.

— Justo aquela camisa que eu guardo para alguma ocasião especial!

— Ah, eu não sabia... — retruca a esposa.

Essa não foi uma doação espontânea, de coração, incondicional, pois ainda não era o momento para doar, e a pessoa se zangou por isso. No sentimento de amor incondicional, doamos coisas de que não mais precisamos (de preferência, em bom estado), ou mesmo compramos coisas novas para doar. O principal nessa atitude é termos a sensação de plenitude, de realização por doar, mesmo sem saber para onde vai; não importa a quem servirá, importa mesmo o bem que é sentido a partir da intenção e atitude genuína e íntima de seu ser.

Nosso principal propósito aqui não é diferenciar, universalizar e colocar condições no incondicional, pois seria até contraditório e pretensioso de minha parte. Todavia, gosto de quebrar paradigmas, já que somos muito preconceituosos com quase tudo o que fazemos, pensamos e amamos. Por isso, achei importante partilhar com os leitores um outro panorama sobre o amor incondicional.

Direcionando o amor incondicional à vida afetiva, observo a atual dificuldade em amar o parceiro afetivo de maneira incondicional, haja vista a inúmera gama de fantasias e expectativas que se faz com relação ao papel do outro: "como ele tem que ser", "o que fará para me servir", "para me conquistar"; enfim, os modelos, papéis e ilusões conforme falamos desde o primeiro capítulo deste livro ao definir o amor imaturo e neurótico, para que fosse possível enxergar as artimanhas a que nos sujeitamos quando isso acontece em nossas vidas.

Quase sempre nos intoxicamos de sonhos utópicos em que tudo aquilo que o outro nos mostra de mais sincero e sublime é desprezado porque não confere com a nossa ilusão, e, por mais que não se verbalize, a sensação é:

— Ah, mas assim eu não quero!

— Pensei que ele fosse mais, ou que fosse menos.

Contraditoriamente, temos maior capacidade de amar incondicionalmente aqueles com quem temos *menos expectativas, menos fantasias*, como: amigos e conhecidos, animais, pessoas que mal conhece e até coisas materiais. Pode parecer um absurdo que você possa sentir um *amor incondicional pela amiga* ou *pelo animal de estimação* e *não pelo parceiro afetivo*, não é mesmo?

Então, note que, quando um amigo qualquer lhe dizer coisas com as quais você não concorda, assim mesmo você não discute, desconsidera, age tranquilamente e não insiste quando o clima está pesado. Todavia, quando vai encontrar o parceiro, muitas vezes não consegue manter alguns minutos em harmonia, sem discussão. Você conta tudo para um amigo, inclusive com relação à sua insatisfação amorosa, sexual e como se sente preso e cobrado, mas o cônjuge é "o último a saber", ou seja, certamente existe mais intimidade com um amigo do que com a pessoa com quem escolhemos dividir sentimentos, afeto e com quem queremos compartilhar as passagens mais gostosas e emocionantes de nossas vidas.

Você divide o que sente com o parceiro ou parceira? Sua resposta pode ser:

— Mas ele nunca quer conversar!

E eu insisto: vocês criaram este hábito? O hábito de dialogar e expor um ao outro o que sentem?

Atenção: isso é investimento!

Conversar, expor, esclarecer, posicionar-se diante dos seus sentimentos com relação a alguma situação faz bem. E, provavelmente, se é você quem mais sente falta de conversar e dividir certos assuntos da sua vida, é você quem deve começar a fazer isso, pois, se o outro não sente essa necessidade, ele nunca o fará; assim, você não terá a oportunidade de saber o porquê da sua insatisfação com ele.

Como diz Luiz Gasparetto:

— Contraditoriamente, não temos intimidade com a pessoa com quem temos relações íntimas.

Infelizmente, é fato que em grande parte dos relacionamentos conjugais qualquer amigo conhece mais sobre nossas verdadeiras vontades do que o nosso parceiro, pois não contamos, não temos intimidade com quem convivemos. Muitas pessoas conversam apenas para falar sobre assuntos a serviço das suas conveniências, quando querem tratá-los ou quando querem pedir alguma coisa. Assim, sem intimidade, o casal vai se afastando, pois o parceiro é sempre o último a saber, não é?

Saiba que é dessa forma que se sedimenta a relação de "separados a dois", pois, por mais que não falem um para o outro, como terapeuta, eu sempre escuto ambos em suas terapias individuais:

— Doutor, parece que estou vivendo com uma pessoa estranha em minha casa!

— Como nos afastamos tanto em tão pouco tempo?

— Eu não sabia! Só agora vejo que não tínhamos nada a ver um com outro!

E eu respondo:

— Mas é claro! Você só desenvolveu amizade e intimidade com sua amiga!

Isso quando não respondo com uma pergunta:

— Cadê a amizade com quem ama? Você não queria alguém sincero? Por que não começa por você?

O mais curioso é que as pessoas querem sinceridade, mas não foram criadas para isso, uma vez que o que chamamos de educação convencional é saber sorrir e dizer coisas como:

— Está tudo bem!

— Não foi nada!

— Não sinto nada, não me aborreci!

— Não quero criar conflito, sou bonzinho.

— Não ligo para nada, não tenho vontade própria.

E quando entram nesse tipo de norma, deixam de ser sinceros, aprendem a "ser educados" e mentirosos! Agem como mentirosos, mas dizendo querer alguém que lhes diga a verdade.

Mas como isso pode acontecer? Na primeira vez em que uma pessoa "educada" desta maneira escuta algo de verdadeiro, como a frase abaixo, certamente se desestrutura:

— Meu bem, gosto de você, mas após nossos 20 anos de relacionamento, não tenho mais a sensação de bem-estar. Acho que estamos separados há pelo menos uns 6 ou 7 anos, por isso quero oficializar nossa separação. Sinto-me magoada e rejeitada por não termos tido tempo para conversar sobre nossos projetos de vida, ou sobre como nos sentíamos.

Nesse momento, não sabemos ouvir e vamos logo brigando, inclusive porque também não fomos orientados a conversar com a pessoa amada e, no fundo, acreditamos que ela deveria ter uma "bola de cristal" para conhecer todas as nossas vontades. Achamos que uma conversa sincera é uma briga, pois nunca desenvolvemos o hábito do entendimento pela conversa; achamos que a pessoa está sendo cruel, rude e que nos desrespeita, mas não vemos o quanto colecionamos fantasias e mentiras daquilo que nos falaram.

Não temos o direito de nos fazer de vítimas só porque a sociedade falou, como se não tivéssemos responsabilidade por aquilo que escutamos e validamos como verdade em nossas vidas. Assuma sua falta de habilidade para lidar com a verdade, com a conversa sincera, não só afetivamente, mas também no trabalho, com os parentes e com os amigos. Se realmente quer sinceridade, comece por você: expresse o que sente e não esconda.

Minha sugestão é que você pelo menos inicie o processo e veja o resultado, sem a pretensão de querer garantir uma receita milagrosa para nunca mais se desentender, pois essa é uma outra *grande ilusão*, de que "quem ama nunca se desentende". Mas é verdade que melhor é se entender na maior parte das vezes, embora isso seja possível com amizade, com pelo menos um pouco de intimidade e de respeito.

Qualquer relacionamento é como uma plantinha que precisa ser nutrida, regada diariamente não apenas com conversa, mas também com amizade de verdade e tudo o que vem com ela: companhia, carinho, afeto, sexo, amor e atenção recíprocos. Não podemos esquecer que todo tipo de vida, de relação ou de lição é uma circunstância, e toda circunstância é passageira.

O conceito mais dificilmente aceito por grande parte dos casais e das pessoas em geral é a ideia de um tempo finito para o relacionamento, pois há muito tempo se associa o "verdadeiro amor" a algo infinito e inseparável, como se o amor tivesse a obrigação de ser eterno. O amor incondicional está isento de garantias de permanência, por isso, existem pessoas que não estão mais juntas e aprenderam a amar incondicionalmente somente após o término do relacionamento. O amor, quando verdadeiro, sempre permanece, mesmo que seja na forma de respeito, mas as situações e os momentos com determinadas pessoas sempre são passageiros.

Por mais que desejemos estar eternamente em alguma situação, a vida não nos deixa evoluir vivendo pela mesma experiência, mesmo que não consigamos entendê-la, pois quase sempre "nossa cabeça é muito pequena" para compreender as razões da natureza, das "leis da evolução", "das leis da vida". Acredito que uma das importantes lições que a vida nos traz a todo o momento é a de entender que nada é "para sempre": nosso trabalho, nossos pais, filhos ou familiares, nossos bens materiais, nossos amigos ou conhecidos. O mesmo também acontece com as relações afetivas e conjugais, porque nada disso é nosso: está sendo emprestado a nós por um tempo finito.

Por mencionarmos o fator tempo, mesmo que o casal decida viver junto "para sempre", como diz a música, "o 'para sempre' sempre acaba". A vida nos mostra que, por mais estáveis que sejam as experiências que vivemos, nenhuma delas é eterna, pois não existe um "para sempre".

A única relação no universo que dura para sempre é o relacionamento consigo mesmo, pois, onde quer que estejamos, nos levamos junto. Levamos nossa essência junto com aquilo que conquistamos com ela por meio do nosso desenvolvimento pessoal e coletivo nos relacionamentos, seja bom humor ou mau humor, inteligência ou ignorância, bem-estar ou sofrimento, dependendo do que cada um de nós escolheu e no que investiu. Por isso, sem dúvida nenhuma, o maior e mais importante investimento é em si mesmo, no autoconhecimento (no "conheça-te a ti mesmo"). Só assim podemos aprender a viver intensamente não apenas pelas nossas experiências afetivas, mas também fazer valer a pena cada segundo da nossa existência em tudo aquilo que fazemos.

Pare de perder tempo com experiências que não fazem sentido para você! A sensação de existência e de prazer deve estar presente para que possamos dizer que nossa vida está divertida!

Considerações finais

Sugiro que o leitor releia os pontos que mais lhe chamaram atenção, principalmente aqueles em que não concordou com minhas observações, para ampliar seu arsenal de conteúdo com boas e sinceras sugestões terapêuticas, as quais transformaram, e até hoje transformam, muitas vidas em meu consultório e até nas conversas informais com amigos e conhecidos.

Parte das pessoas que transformaram suas próprias vidas eu conheci, acompanhei, ou nos esbarramos nos pequenos ou longos relacionamentos que tive e tenho no cotidiano, não apenas afetivos, mas num âmbito geral. Já a outra parte está dividida entre os alunos da faculdade, com os quais sempre converso nos corredores, meus alunos dos cursos, *workshops*, palestras e vivências de temas variados sobre autoconhecimento, saúde, comportamento e espiritualidade, pois esses cursos consistem em jornadas que visam à conquista de si mesmo, à emancipação psicoemocional individual e à possibilidade do autogerenciamento de seu mundo interior.

Muitas dessas pessoas, incluindo eu mesmo, passaram a acreditar que podem se desenvolver na vida e que não são meros robôs que têm de viver angustiados e perdidos em uma experiência mundana sem sentido, como propõe a ciência ortodoxa em algumas de suas linhas de pensamento tradicionais que quase nunca consideram a essência, e nem mesmo a consciência, do ser humano.

A maior prova disso é que, dependendo de como escolhemos viver, podemos sentir prazer. Além disso, somos seres únicos, sem cópias; assim, precisamos estudar nossas potencialidades individuais na prática para entendermos como funcionamos em nosso melhor estado, para que seja possível ativar nosso bem-estar, nossa saúde, companheirismo, afetividade e bom convívio social.

Espero que o leitor tenha conseguido captar algumas ideias que lhe possam ser úteis daqui por diante em seu processo de crescimento psicoemocional, ao lidar consigo mesmo diante de seu mundo interior e, a partir daí, consiga lidar com os demais relacionamentos e com as pessoas com quem convive. Para que isso seja possível, é necessário que haja o amplo entendimento do ser humano, utilizando o conjunto de inteligências que possuímos, a inteligência emocional.

A definição mais completa, porém desafiadora e intrigante, que encontrei para o conglomerado de inteligências que possuímos, a qual até hoje ensino aos meus alunos, clientes e pacientes, aprendi com a querida professora Maria Aparecida Martins: a inteligência [emocional] é a capacidade de adaptação.

Entendo da seguinte forma a definição da sábia professora:

Qualquer ser humano é dotado de incríveis capacidades de adaptação às mais diversas situações e relações diárias. A capacidade de adaptação é que nos possibilita escolher viver em paz; além disso, nossas escolhas são proporcionais à inteligência que desenvolvemos por nossos potenciais individuais; logo, são mais limitadas naqueles que não passaram pelo processo de adaptação e amplificação da consciência.

Isso significa que quem investiu mais em seu processo individual tem mais opções de escolha, portanto maiores são as chances de se adaptar ao mundo, às pessoas e ao convívio em harmonia consigo e com os outros. Por outro lado, quem não investiu sabe menos, consequentemente tem menos opções de escolha, e por se conhecerem menos, sofrem os prejuízos das poucas opções que lhe restam. Quase sempre se estacionam no vitimismo, no desapontamento consigo e com as pessoas com quem se relacionam, graças à uma visão tacanha e à falta de adaptação ao mundo em que vivem.

O ser humano somente tem a sensação de estar vivo ao ampliar sua consciência, o que não é possível sem se relacionar com outro ser humano, seja socialmente, ou profissionalmente, em seu trabalho ou no ambiente familiar, considerando sua afetividade, sua sexualidade, sua bioenergética sensorial corporal intrínseca e extrínseca (transenergética). Todas elas são faculdades pertencentes à totalidade do ser e importantes atributos da consciência humana.

Para que sempre se lembre desses conceitos, e até como forma de investir em si mesmo, sugiro que consulte este livro diariamente como um manual prático dos relacionamentos num aspecto geral, e que não somente o releia, mas que aplique alguns dos conceitos que julga mais precisar, podendo, então, avaliar os resultados e certamente obter mais prazer na vida e mais sucesso e êxito em suas relações afetivas e conjugais.

Ajustar e lidar com todos os recursos poderosos que temos nem sempre é tão fácil; no entanto, essa área me fascina mais a cada dia, e, como cientista e observador do comportamento humano, sempre me atualizo, desenvolvo novas formas e métodos de tratamento para me ajudar e ajudar àqueles que me procuram. Dessa forma, sempre que for necessário, estarei à disposição para consultas individuais ou em grupo, palestras em sua empresa, cursos e vivências com os temas mais variados em saúde, comportamento humano, relacionamentos afetivos, profissionais e interpessoais que envolvam o autoconhecimento e a consciência do ser, associando a *inteligência emocional à saúde física e psicoemocional.*

Inspirações para sua alma

Vida & Consciência
EDITORA

Amor sem crise
Valcapelli

Para muitos, a vida afetiva é dramática e dolorosa. A felicidade no relacionamento é conquistada por quem não se abandona perante o parceiro, mas preserva a capacidade de entregar-se sem medo de abrir o coração para considerar que ele mesmo é a fonte do sentimento.

CATEGORIA: Desenvolvimento Pessoal
PÁGINAS: 136
ACABAMENTO: Brochura
ISBN: 85-85872-53-5

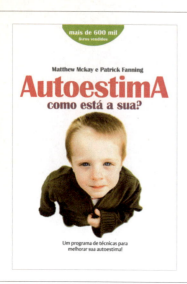

Autoestima
Matthew McKay e Patrick Fanning

Com mais de 600 mil exemplares vendidos no exterior, este livro é um clássico sobre como construir e manter uma autoestima saudável. É um tratado que ensina a lidar com o mundo interior, de modo a acabar com as rejeições que bloqueiam nossa vida. Leva-nos a perceber, sentir e fazer os ajustes necessários para melhorarmos nosso padrão mental.

A Solução
Peggy McColl

Como posso fazer a vida trabalhar a meu favor? Como posso acabar com meu desconforto e sofrimento? Perguntas como essas são o primeiro passo para uma jornada de conhecimento. Elas abrirão seu coração para um mundo de possibilidades e tornarão a vida mais feliz.

CATEGORIA: Desenvolvimento Pessoal
PAGINAS: 328
ACABAMENTO: Brochura
ISBN: 978-85-7722-100-4

CATEGORIA: Desenvolvimento Pessoal
PAGINAS: 144
ACABAMENTO: Brochura
ISBN: 978-85-7722-115-8

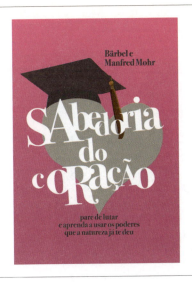
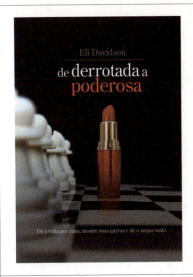

SABEDORIA DO CORAÇÃO
Bärbel Mohr e Manfred Mohr

Os autores dão um passo à frente à medida que vinculam o "pensamento positivo" ao novo parâmetro holístico do "sentimento positivo". Logo, a razão dá as coordenadas e o sentimento fornece a energia necessária para a realização dos desejos. Comprove você mesmo e aprenda não só a revigorar seus sentimentos positivos, mas também a transformar as emoções negativas.

CATEGORIA: Desenvolvimento Pessoal
PÁGINAS: 256
ACABAMENTO: Brochura
ISBN: 978-85-7722-059-5

DE DERROTADA A PODEROSA
Eli Davidson

Este não é mais um daqueles monólogos feministas que ensinam os passos para alcançar sucesso, do tipo "você tem que...", mas sim um convite para mergulhar em si mesma e reacender a paixão pela vida.

CATEGORIA: Desenvolvimento Pessoal
PAGINAS: 224
ACABAMENTO: Brochura
ISBN: 978-85-7722-041-0

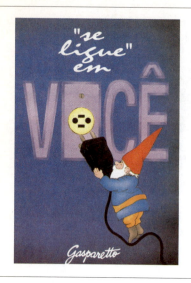
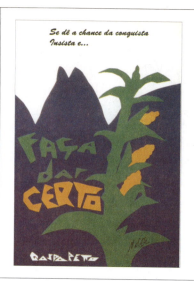

"Se ligue" em você
Luiz Gasparetto

Você é seu grande laboratório e o arquiteto de sua vida. Este livro traz uma visão inteiramente nova de seu processo, mais segurança e confiança em você mesmo, ensinando-o a viver com os recursos de sua fonte interior.

Faça dar certo
Luiz Gasparetto

As facilidades e dificuldades para construir um destino próspero dependem unicamente de sua visão da vida. Toda escolha feita modifica ou mantém estruturas criadas pelas próprias pessoas. Acorde para seu poder e descubra o potencial que tem.

CATEGORIA: Desenvolvimento Pessoal
PÁGINAS: 96
ACABAMENTO: Brochura
ISBN: 85-85872-23-3

CATEGORIA: Desenvolvimento Pessoal
PÁGINAS: 144
ACABAMENTO: Brochura
ISBN: 85-85872-24-1

Tire proveiro dos seus impulsos
Pauline Wallin

Utilize as ferramentas certas e promova mudanças positivas e duradouras em sua vida, aprendendo a dominar a criaturinha que persiste em falar mais alto. Deixe de culpar os outros pelos acontecimentos da sua vida, assuma o controle sobre seus atos e reduza a dimensão dos problemas.

CATEGORIA: Desenvolvimento Pessoal
PÁGINAS: 216
ACABAMENTO: Brochura
ISBN: 978-85-7722-129-5

Sai desse corpo que não te pertence
Getúlio Gomes

O que nos faz mudar de ideia repentinamente, deixando projetos de vida e sonhos de lado? Encontre respostas nesta obra que aborda com inigualável senso de humor questões sobre autossabotagem e armadilhas que a nossa própria mente prega.

CATEGORIA: Desenvolvimento Pessoal
PÁGINAS: 288
ACABAMENTO: Brochura
ISBN: 978-85-7722-173-8

Este livro foi impresso em offset 75 g/m² pela Gráfica Vida & Consciência.
São Paulo, Brasil, 2011.

Rua Agostinho Gomes, 2.312 – SP
55 11 3577-3200

grafica@vidaeconsciencia.com.br
www.vidaeconsciencia.com.br